Lieber Pferdefreund und Reitsportinteressent,

immer mehr Menschen entdecken ihr Interesse an den Pferden, am Umgang mit ihnen und am Reiten (wieder). Meist geht dieses Interesse in eine langjährige und nicht selten sogar lebenslange Liebe über, die oft nur von Gleichgesinnten nachvollzogen und verstanden werden kann. Viele Menschen, die oftmals jahrelang mit dem Reiten aufgehört haben, aus familiären, beruflichen oder anderen Gründen, können sich nicht aus diesem Bann lösen – und fangen früher oder später wieder zu reiten an. Der Umgang mit den Pferden bringt uns ein Stück Natur in unsere technisierte, moderne Welt zurück; ein Stück verloren gegangene Freiheit und auch einen Teil von unserer „früheren" Persönlichkeit. Er gibt uns die Möglichkeit, unsere „Instinkte" wiederzuentdecken und wieder zu lernen, mit Körper und Gestik zu kommunizieren – so, wie es unsere Vorfahren getan haben, bevor die Sprache entdeckt wurde.

Wir freuen uns, dass auch Sie nun zum Kreis der Pferdefreunde gehören und wünschen Ihnen, dass Ihre Vorstellungen, Erwartungen und Ziele, mit denen Sie dieses Hobby beginnen, erfüllt werden. Dazu möchten auch wir unseren Beitrag leisten – mit diesem Buch, das Ihnen bei Ihrem (Wieder-) Einstieg und darüber hinaus auf Ihrem weiteren Weg als Begleiter mit hilfreichen Informationen und weiterführenden Literaturempfehlungen beratend zur Seite stehen soll.

Gleichzeitig möchten wir Sie bitten, sich verantwortungsbewusst mit Ihren neuen Sportpartnern auseinander zu setzen. Dieses Verantwortungsbewusstsein beginnt bei der richtigen Auswahl eines geeigneten Vereins oder Reitbetriebes mit zufriedenen und gut ausgebildeten Schulpferden.

Wir wünschen Ihnen viel Spaß und Erfolg mit Ihrem neuen Hobby.

Ihre FN

P.S. Wenn Sie den Einstieg gefunden haben, sagen Sie uns bitte Ihre Meinung. Wie hilfreich war Ihnen dieses Buch und die begleitende homepage www.reitanfaenger.de? Haben Ihnen Informationen gefehlt? Wir freuen uns über positives feed-back genauso wie über konstruktive Ergänzungstipps an info@reitanfaenger.de

Kapitel 1

Reiten -
die etwas andere Sportart

Ein Kurzportrait

Reiten ist ein wunderbarer Sport – vielfältig, interessant, herausfordernd und entspannend zugleich. Die Vielfalt der Disziplinen mit ihren zahlreichen Facetten ermöglicht jedem Pferdefreund die Verwirklichung seiner individuellen Interessen und Ziele. Ob Sie sich mit anderen auf Turnieren messen, sich bei einem Ausritt in der Natur entspannen oder einfach nur Spaß am Umgang mit den Pferden haben möchten[1] – es stehen Ihnen alle Möglichkeiten offen. Über 1,5 Millionen Reiter/innen jeden Alters, Geschlechts und gesellschaftlichen Status in Deutschland beweisen, dass der Reitsport überaus beliebt und ein Sport für jedermann ist. Unabhängig von Ihrem Ziel im Reitsport sind zwei Dinge wesentlich: eine solide Grundausbildung[2] und die Harmonie zwischen Mensch und Tier. Beides ist eng miteinander verknüpft und ermöglicht erst eine sichere und Freude bringende Ausübung des Pferdesports.

---

[1] Lesen Sie hierzu auch Kapitel 8 „Mögliche Ziele im Reitsport"
[2] Details in Kapitel 7 „Die Ausbildungsstufen des Reiters"

Tierschutz und Ethik

Die meisten Sportarten betreibt man allein oder gemeinsam mit anderen Menschen. In jedem Sport, besonders bei Team- und Mannschaftssportarten, stehen die Beachtung der Spielregeln und faires sportliches Verhalten an oberster Stelle. Erleichtert wird dies durch die einzigartige Fähigkeit von uns Menschen, mit Hilfe des gesprochenen und geschriebenen Wortes zu kommunizieren. Der Reitsport nimmt insofern eine Sonderstellung ein, denn wir betreiben ihn gemeinsam mit Lebewesen, die unsere Sprache nicht verstehen können. Hinzu kommt, dass die Pferde nicht mehr ohne die Hilfe und Fürsorge des Menschen überleben können, seit sie von uns in „unsere Welt" integriert wurden. Das bedeutet für uns Pferdefreunde, Reiter und Besitzer, dass es bei der Haltung, beim Umgang, in der Ausbildung und beim Sport mit Pferden – unabhängig von Disziplin, Rasse, Reitweise oder Pferdeindividuum – eine übergeordnete Regel gibt: die Verantwortung für unseren Sportpartner Pferd. Diese Verantwortung ist im Tierschutzgesetz geregelt:

Auszug aus dem Tierschutzgesetz:

§1

Niemand darf einem Tier ohne vernünftigen Grund Schmerzen, Leiden oder Schäden zufügen.

§2
fordert:

Wer ein Tier hält, betreut oder zu betreuen hat,

- muss das Tier seiner Art und seinen Bedürfnissen entsprechend angemessen ernähren, pflegen und verhaltensgerecht unterbringen.
- darf die Möglichkeit des Tieres zu artgerechter Bewegung nicht so einschränken, dass ihm Schmerzen oder vermeidbare Leiden oder Schäden zugefügt werden.

§3
verbietet,

- einem Tier außer in Notfällen Leistungen abzuverlangen, denen es wegen seines Zustandes offensichtlich nicht gewachsen ist oder die offensichtlich seine Kräfte übersteigen, ...
- ein Tier auszubilden, sofern damit erhebliche Schmerzen, Leiden oder Schäden für das Tier verbunden sind, ...
- ein gebrechliches, krankes abgetriebenes oder altes, im Haus, Betrieb oder sonst in Obhut des Menschen gehaltenes Tier, für das ein Weiterleben mit nicht behebbaren Schmerzen oder Leiden verbunden ist, zu einem anderen Zweck als zur unverzüglichen schmerzlosen Tötung zu veräußern oder zu erwerben, ...
- an einem Tier bei sportlichen Wettkämpfen oder ähnlichen Veranstaltungen Dopingmittel anzuwenden.

Dieses Gesetz ist gültig für alle Tiere, die sich in der Obhut der Menschen befinden. Darüber hinaus enthalten die Leitlinien „Tierschutz im Pferdesport"[3] vom Bundesministerium für Verbraucherschutz, Ernährung und Landwirtschaft, Arbeitsgruppe Tierschutz und Pferdesport und die „Ethischen Grundsätze", herausgebracht von der Deutschen Reiterliche Vereinigung (FN), weitergehende Richtlinien speziell für den Umgang mit sowie die Ausbildung und Haltung von Pferden.

Ethische Grundsätze

- Wer auch immer sich mit dem Pferd beschäftigt, übernimmt die Verantwortung für das ihm anvertraute Lebewesen.
- Die Haltung des Pferdes muss seinen natürlichen Bedürfnissen angepasst sein.
- Der physischen wie psychischen Gesundheit des Pferdes ist unabhängig von seiner Nutzung oberste Bedeutung einzuräumen.
- Der Mensch hat jedes Pferd gleich zu achten, unabhängig von dessen Rasse, Alter und Geschlecht sowie Einsatz in Zucht, Freizeit oder Sport.
- Das Wissen um die Geschichte des Pferdes, um seine Bedürfnisse sowie die Kenntnisse im Umgang mit dem Pferd sind kulturgeschichtliche Güter. Diese gilt es zu wahren und zu vermitteln und nachfolgenden Generationen zu überliefern.
- Der Umgang mit dem Pferd hat eine persönlichkeitsprägende Bedeutung gerade für junge Menschen. Diese Bedeutung ist stets zu beachten und zu fördern.
- Der Mensch, der gemeinsam mit dem Pferd Sport betreibt, hat sich und das ihm anvertraute Pferd einer Ausbildung zu unterziehen. Ziel jeder Ausbildung ist die größtmögliche Harmonie zwischen Mensch und Pferd.
- Die Nutzung des Pferdes im Reit-, Fahr- und Voltigiersport muss sich an seiner Veranlagung, seinem Leistungsvermögen und seiner Leistungsbereitschaft orientieren. Die Beeinflussung des Leistungsvermögens durch medikamentöse sowie nicht pferdegerechte Einwirkung des Menschen ist abzulehnen und muss geahndet werden.
- Die Verantwortung des Menschen für das ihm anvertraute Pferd erstreckt sich auch auf das Lebensende des Pferdes. Dieser Verantwortung muss der Mensch stets im Sinne des Pferdes gerecht werden.

„Jeder Pferdefreund wird für die Verwirklichung der Ethischen Grundsätze eigene Wege finden müssen. Zu unterschiedlich sind die Rahmenbedingungen und Lebensbereiche, um einfache, allgemein gültige Lösungsmöglichkeiten aufzeigen zu können." ZITAT FN

---

[3] Broschüre zu beziehen bei der FN, siehe „Literaturempfehlungen"

Tierschutz und Verantwortung für unseren Sportpartner Pferd übernehmen bedeutet nicht, wie leider oft fälschlich angenommen, es wie einen Menschen zu behandeln, oder anders gesagt, es zu vermenschlichen. Es bedeutet vielmehr, uns über das artspezifische Wesen und die urtypischen Verhaltensweisen der Pferde umfassend zu informieren und uns dementsprechend zu verhalten. Auch das Erlangen einer soliden Reitgrundausbildung ist aktiver Tierschutz, weil wir nur auf dieser Basis die Pferde schonend reiten können, also ohne ihre physische und psychische Gesundheit zu gefährden. Gleichzeitig ist dies die Voraussetzung für die Erhaltung ihrer **natürlichen Schönheit**.

Versetzen Sie sich einmal kurz in die Lage, sich in einem fremden Land zu befinden, dessen Geografie und Kultur Sie nicht kennen. Sie können niemanden verstehen und sich niemandem verständlich machen, weil Ihre Sprache und Ihr Wesen so anders sind. Genauso müssen sich die Pferde in der Welt fühlen, in der sie nun gemeinsam mit uns leben, da diese sich von ihrem natürlichen Lebensraum stark unterscheidet. Anpassungen an sich verändernde Umweltbedingungen benötigen sehr viel Zeit; und zwar nicht nur einige Generationen, sondern vielmehr Jahrtausende. Wir, als die einzigen Lebewesen, die sich mit ihrer Umwelt reflektierend denkend auseinandersetzen können, haben die Pflicht und Verantwortung, uns mit ihrem Wesen vertraut zu machen, ihre Sprache zu lernen und für ihr leibliches und seelisches Wohl zu sorgen – für die Pferde, unsere Freude und nicht zuletzt auch für unsere eigene Sicherheit.

Persönliche Voraussetzungen

Für das Reiten und bereits für den Umgang mit den Pferden sind bestimmte Charaktereigenschaften und Vorlieben bei uns Menschen Voraussetzung. Reiten ist vor allem ein Sport für Menschen, die Natur und Tiere lieben – aber das versteht sich eigentlich von selbst. Für das Wohlbefinden der Pferde und Ihren Erfolg im und Spaß am Reitsport sollten Einfühlungsvermögen, Fairness, Selbstbeherrschung und Geduld zu Ihren guten Eigenschaften gehören. Wissensdurst ist ebenfalls von Vorteil, da Sie sich hier nicht nur mit der Technik dieses Sports beschäftigen, sondern zusätzlich viele Dinge über das arttypische Wesen Ihres neuen Sportpartners und die Kommunikation zu lernen sind.

Die genannten Charaktereigenschaften sind nicht nur Voraussetzung für den Start in den Reitsport, der Umgang mit den Tieren fördert auch die Ausprägung dieser positiven Persönlichkeitsmerkmale bei Jugendlichen sowie Erwachsenen. Ein Mindesteinstiegsalter für das Reitenlernen gibt es nicht. Je früher Kinder auf einem Ponyrücken sitzen, desto besser und schneller lernen sie die Bewegungsabläufe und desto leichter haben sie es später. Jedoch sollten sie eher spielerisch herangeführt werden. Hierfür ist Voltigieren hervorragend geeignet (siehe übernächster Abschnitt). Das beste Lernalter ist die Phase zwischen 10 und 13 Jahren,

Mit einem erfahrenen Pony ist das Reitenlernen für die Jüngsten ein Vergnügen.

weil Jugendliche in diesem Alter sehr schnell und leicht lernen können.

Auch als älterer Erwachsener können Sie mit dem Reitsport beginnen, jedoch ist es dann von Vorteil, vorher schon anderen Sport betrieben zu haben. Sollten Sie sich bisher von jeglicher sportlicher Betätigung ferngehalten haben, ist ein Gesundheits-Check beim Hausarzt ratsam, denn Reiten stellt hohe Anforderungen an Ihren Körper.

Wenn Sie jemand nach Ihren Hobbys fragt und Sie antworten: „reiten", werden Sie relativ häufig mit dem Spruch konfrontiert werden „Das ist doch kein Sport, da sitzt man ja nur auf dem Pferd und lässt sich tragen." Dieser Satz hat bestimmt schon so manchen zwischenmenschlichen Streit heraufbeschworen und entspricht alles andere als der Wahrheit. Beim Reiten, d.h. bei der Kommunikation zwischen Mensch und Pferd und dem Ausbalancieren auf dem sich bewegenden Pferd, werden Muskelgruppen genutzt, die Sie im täglichen Leben, z.B. im Büro, nicht benötigen. Ihr Körper, der es nur gewöhnt ist, festen Boden unter den Füßen zu haben, wird am Anfang Schwerstarbeit leisten müssen, allein um den Bewegungen des Pferdes zu folgen. Aber das ist eine Sache der Übung, im Verlauf Ihrer Ausbildung werden Sie darin immer besser. Wenn Sie ein Gefühl für Rhythmus haben und über eine gewisse Grundkondition verfügen, wird Ihnen dies sehr hilfreich sein. Als Lohn fürs Durchhalten, den Muskelkater und den Schweiß werden Sie sich einem der schönsten Hobbys der Welt widmen.

Reiten fördert die Gesundheit. Das Herz- und Kreislaufsystem wird trainiert, genauso die Muskulatur. Durch die rhythmischen Bewegungen mit dem Pferd wird besonders die Rumpfmuskulatur gelockert und gestärkt, wodurch die Wirbelsäule entlastet wird. Der Gleichgewichtssinn wird geschärft, das Rhythmusgefühl und die Beweglichkeit verbessert. Allein der Sitz auf dem Pferd ist für den Körper sehr viel angenehmer als z.B. das Sitzen auf einem Stuhl oder im Auto, weil die Position gestreckter ist. Sollten Sie jedoch gesundheitliche Beschwerden haben, wie z.B. Rücken-, Hüft- oder Knieleiden, Herz- oder Kreislaufprobleme, sprechen Sie bitte vorher mit Ihrem Hausarzt über Ihr Vorhaben, und informieren Sie vor allem Ihren Ausbilder darüber. Reiten stellt hohe Anforderungen sowohl an Beweglichkeit als auch an Kraft, Ausdauer und Koordination. Auch mit körperlichen

Behinderungen ist Reiten möglich, oft sogar förderlich – bitte halten Sie auch in diesem Fall unbedingt Rücksprache mit Ihrem Arzt.

Reiten ist kein Sport, den Sie in wenigen Wochen oder Monaten lernen können – selbst wenn Sie ein Naturtalent sind und mehrmals die Woche guten Unterricht erhalten würden. Daher werden Sie für Ihre Ausbildung viel Geduld brauchen und gelegentlich auch kleine oder größere Rückschläge hinnehmen müssen. Ich möchte, dass Ihnen dies schon im Vorfeld bewusst ist, damit Sie sich darauf einstellen können und nicht so leicht aufgeben. Sie sollten mind. 1x die Woche Unterricht nehmen, 2x ist für den Anfang noch besser.

Grundsätzlich ist Reiten ein Sport für jedermann, für junge und erwachsene, kleine und große Menschen, Frauen und Männer. Und natürlich auch gemeinsam als Familiensport.

Disziplinen

Wohl kaum ein Sport bietet so viele verschiedene Möglichkeiten. Jede der Disziplinen findet auf allen 3 Ebenen des Reitsports Anwendung: beim Freizeitsport, beim Breitensport und am intensivsten beim Leistungssport.

- Freizeitreiten bedeutet, Spaß haben an Geselligkeit mit Pferdefreunden, am Umgang mit dem Pferd und Reiten just for fun, ohne Turnierambitionen. Viele Vereine oder private Reitställe organisieren jedoch kleine Wettbewerbe (z.B. Geschicklichkeitsreiten), bei denen der Spaß an der Teilnahme im Vordergrund steht.
- Reiten als Breitensport beinhaltet zusätzlich die Teilnahme an breitensportlichen Wettbewerben wie z.B. Reiterspiele oder Allround-Turniere, Ausritte, Wanderritte oder auch das Ablegen von Prüfungen zu Motivationsabzeichen wie der Reiternadel.
- Beim Leistungssport stehen Leistung und Erfolge bei Turnierteilnahmen im Vordergrund. Diesen voran steht das erfolgreiche Absolvieren der Deutschen Reitabzeichen (Leistungsabzeichen, siehe S. 75).

Die Mehrzahl der Reiter in Deutschland widmet sich dem Freizeit- oder Breitensport.

Wie Sie auf den folgenden Fotos sehen, gibt es natürlich je nach Disziplin zweckmäßige Unterschiede in der Ausrüstung der Pferde und der Menschen. Aber egal, für welche Disziplin Ihr Herz in Zukunft schlagen wird, eine vielseitige Grundausbildung ist für das Weiterkommen in jeder Disziplin überaus wichtig, genauso wie die Kenntnisse über das Wesen der Pferde, denn sie sind überall der Mittelpunkt dieses Sports.

Voltigieren

Unter Voltigieren versteht man die Ausübung verschiedener gymnastischer/turnerischer Übungen auf dem galoppierenden, longierten Pferd. Longieren bedeutet, dass der Ausbilder das Pferd an einer langen Leine, der Longe, um sich herum auf einem Kreis bewegen lässt. Er hat dabei Einwirkung auf Gangart und Tempo. Die Übungen haben verschiedene Schwierigkeitsgrade und werden einzeln oder mit Partner/n durchgeführt. Voltigieren ist eine ideale Möglichkeit für Kinder und Jugendliche, erste Kontakte mit dem Pferd zu knüpfen und sich mit seinem Verhalten und den Bewegungsabläufen vertraut zu machen, ohne die Hilfengebung lernen zu müssen. Zudem fördert die Gruppe bereits in jungen Jahren die Gemeinschafts- und Teamfähigkeit.

Eine ideale Möglichkeit für Kinder, angstfrei und schrittweise mit Pferden vertraut zu werden ist das Voltigieren.

Dressur

Dressur im Pferdesport bedeutet Kommunikation zwischen Mensch und Pferd und das Reiten von verschiedenen Lektionen unterschiedlichen Niveaus auf einem mit Punkten und Buchstaben abgegrenzten Bereich, dem Dressurviereck (40 m oder 60 m x 20 m) – nicht das Abrichten oder Unterwerfen der Tiere. Alle Dressurlektionen sind nur eine Weiterentwicklung der natürlichen Bewegungsabläufe der Pferde und dienen ihrer Gymnastizierung. Sie werden nach Schwierigkeitsgrad für Pferd und Reiter in 5 Klassen eingeteilt (E=Einfach, A=Anfänger, L=Leicht, M=Mittel, S=Schwer). Bewertet werden Sitz und Einwirkung des

Mit steigendem Leistungsniveau, ob als Freizeit- oder Turnierreiter, wachsen auch die Anforderungen an Pferd und Reiter – einzeln und als Team.

Reiters. Beim Pferd werden die Gänge und das Annehmen der Reiterhilfen bewertet. Genauso wichtig ist der Gesamteindruck von Pferd und Reiter und die Ausführung der geforderten Lektionen. Das Ziel der Dressur ist, dass das Pferd alle Hilfen seines Reiters annimmt und es so trainiert ist, dass es das zusätzliche Gewicht, den Reiter, ohne Probleme und Schaden zu nehmen, tragen kann. Eine gut gerittene Dressuraufgabe ist durch fast unsichtbare Hilfengebung und ästhetische Bewegungen des Pferdes ein Genuss für jeden Zuschauer; ob Reiter oder Nichtreiter.

Springen

Beim Springen überwindet der Reiter mit seinem Pferd einzelne oder mehrere Hindernisse unterschiedlicher Art und Höhe. Die Hindernisse können natürlicher Art sein, z.B. Baumstämme oder Gräben bei einem Ausritt, oder aus Ständern und Stangen auf einem Außenplatz oder in der Reithalle aufgebaut werden.

Springen über Naturhindernisse im Gelände

Springen eines Parcours auf einem Außenreitplatz

Für das Springen gelten dieselben Klasseneinteilungen wie für die Dressur. Eine solide Dressurausbildung von Pferd und Reiter ist Voraussetzung für die sichere und partnerschaftliche Ausübung des Springsports sowie das Pferde schonende Überwinden der Hindernisse. Sowohl im Freizeit- und Breitensportbereich als auch auf der Leistungssport-Ebene sollte auch hier das harmonische Zusammenspiel von Pferd und Reiter im Vordergrund stehen. Auf Turnieren werden Sitz und Einwirkung des Reiters beurteilt sowie die „Zusammenarbeit" von Pferd und Reiter bei der Erfüllung der Aufgaben. Auch hier ist der Gesamteindruck von Bedeutung.

Vielseitigkeitsreiten

Das Vielseitigkeitsreiten umfasst die Teilbereiche Dressur, Springen, Geländereiten und die Rennbahn-strecke. Vielseitigkeitspferde und –reiter müssen besonders intensiv und vielseitig trainieren, um die hohen unterschiedlichen Anforderungen erfüllen zu können. Auch hier gilt die Einteilung in die verschiedenen bereits genannten Klassen und bei der Beurteilung die oben erwähnten Kriterien. Diese Disziplin kann nur unter freiem Himmel durchgeführt werden und ist wegen der vielen Prüfungsteile meist eine mehrtägige Veranstaltung.

Die drei Teilprüfungen bei einer Vielseitig-keitsprüfung – Dressur (oben rechts), Gelände (unten rechts), Springen (links).

Wanderreiten/Distanzreiten

Das Überwinden großer Strecken ist eine sehr ursprüngliche Form der Bewegung mit dem Pferd und erfreut sich heute wieder großer Beliebtheit, sowohl im Freizeit- und Breiten- als auch im Leistungssport. In dieser Disziplin sind die verschiedensten Rassen und Reitweisen vertreten. Sowohl Reiter als auch Pferde müssen über eine hervorragende Kondition verfügen und dementsprechend trainiert

Wanderreiter mit Packpferd und nötiger Ausrüstung. Bekommt man nicht sofort Lust mitzureiten?

*Oft schonen Distanzreiter ihre Pferde, indem sie nicht den
ganzen Ritt über schwer im Sattel sitzen, sondern den Pferderücken entlasten.*

sein. Wanderritte können über einige Stunden bis zu einigen Tagen dauern. Im Vorfeld werden diverse Stopp-Stationen ausgewählt. Die Geschwindigkeit spielt hier keine Rolle. Im Gegensatz dazu müssen die Reiter mit ihren Pferden bei Distanzritten eine bestimmte Strecke in einer vorgegebenen Zeit zurücklegen und in einwandfreiem gesundheitlichen Zustand das Ziel erreichen.

Jagdreiten

Jagdreiten bedeutet das Reiten in einer Gruppe im Gelände auf einer vorher fest-
gelegten Strecke, mit oder ohne Überwindung von Hindernissen. Da in Deutschland die Jagd mit Meute (Hunden) auf Wild verboten ist, gibt es als Ersatz dafür
Reitjagden ohne Hunde und Jagden mit Hunden, die nur einer gelegten Spur folgen. Das Mitreiten an einer Jagd ist aufregend, gleichzeitig setzt es jedoch soli-
des Reiterkönnen und ein geeignetes Pferd voraus. Das Reiten in der großen
Gruppe in schnellem Tempo lässt den Herdentrieb der Pferde erwachen und kann
hohe Anforderungen an den Reiter stellen. Warten Sie damit, bis Sie wirklich sattelfest sind und einige Ausritte mit Galoppreprisen hinter sich haben. Erst dann
wird die Teilnahme an einer Jagd auch für Sie sicherlich zu einem tollen Erlebnis.

Fahren

Menschen haben schon zu Beginn der Domestizierung Pferde als Zugpferde für die Arbeit auf dem Feld oder vor eine Kutsche gespannt eingesetzt. Heute dient das Fahren – ebenso wie das Reiten – fast nur zur Freizeitgestaltung des Menschen.

Um das Fahren zu erlernen, muss sich der Interessent einer Fahrausbildung unterziehen und sich Kenntnisse über das Wesen und Verhalten der Tiere aneignen. Fahrpferde müssen genauso wie Reitpferde ausgebildet werden, um vor dem Wagen gehorsam und verkehrssicher zu sein.

Es besteht die Möglichkeit, ein oder mehrere Pferde anzuspannen. Die Form der Anspannung variiert genauso wie die Art des Wagens oder der Kutsche. Auch in dieser Disziplin können im Turniersport verschiedene Prüfungen abgelegt werden, bestehend aus Dressurfahren, Absolvieren eines Kegelparcours (Hindernisfahren) und Durchfahren einer Geländestrecke.

Pferde werden heute zu den verschiedensten Anlässen vor eine Kutsche gespannt, sei es für eine Spazierfahrt, eine Hochzeit oder auch für Showauftritte.

Organisation des Reitsports

Der Reitsport hat in den letzten Jahren immer mehr begeisterte Anhänger gefunden und ist in Deutschland zu den beliebtesten Sportarten herangewachsen. Wie in jedem Sport gibt es auch hier verschiedene Organe auf regionaler, überregionaler, nationaler und internationaler Ebene, die die Ziele des Sports und seine Interessen zum Wohl aller Beteiligten unpolitisch und gemeinnützig vertreten.

Regionale Ebene – Reitverein, Reitschule, Pferdebetriebe

Reitvereine und Reitschulen sind zuständig für die Aus- und Fortbildung von Reitern und Pferden, die Durchführung von Sportveranstaltungen und den aktiven Natur- und Tierschutz. Es wird auch in Ihrer Umgebung mehrere Reitschulen und ansässige Reitvereine geben. Eine Reitschule muss jedoch nicht gleichzeitig einen Verein beherbergen, und ebenso wenig hat jeder Verein Schulpferde. Bereits über 2600 Pferdebetriebe sind bei der Deutschen Reiterlichen Vereinigung (FN) registriert, bestimmte Beschilderungen machen die Tätigkeitsfelder des jeweiligen Betriebes transparent. Hierauf gehe ich im Kapitel 5 „Die richtige Reitschule finden" noch näher ein.

Kreisebene – Der Kreisverband

Der Kreisverband ist der Zusammenschluss aller Reitvereine eines Kreises. Wie der Reitverein sorgt er für die Aus- und Fortbildung von Reitern und Pferden. Zusätzlich hat er für die Vereine Beratungsfunktion, koordiniert Termine und vertritt die Interessen seiner Mitglieder vor Behörden und Organisationen.

Landesebene – Die Landesverbände für Pferdesport

In den gemeinnützigen und unpolitischen Landesverbänden schließen sich alle Reitvereine auf Landesebene zusammen, um gemeinsam den Sport allgemein sowie die Ausbildung von Reitern und Pferden zu fördern. Auch die Landesverbände sind Bindeglied zwischen den Reitvereinen und Behörden.

Bundesebene – Die Deutsche Reiterliche Vereinigung e.V., Bundesverband für Pferdesport und –zucht – Fédération Equestre Nationale (FN)

Die FN ist der deutsche Dachverband der Züchter, Reiter, Fahrer und Voltigierer mit Sitz in Warendorf. In ihr sind über 750.000 Mitglieder in über 6.500 Vereinen[4] registriert, was sie zum derzeit 7. größten Sportverband Deutschlands macht. Ihre wichtigsten Aufgaben sind:

- die Steigerung von Gesundheit und Lebensfreude durch Ausübung des Reitsports
- die Förderung von Pferdezucht, -haltung sowie Tier- und Naturschutz
- die Erhaltung und Verbreitung des Kulturguts „Pferd" und der Deutschen Reitlehre
- das Verfassen von Richtlinien für die Ausbildung von Reitern und Pferden
- die Ausbildung von Reitern aller Disziplinen, Fahrern und Voltigierern im Breiten- und Leistungssport
- die Information und Beratung der Vereine und Pferdebetriebe
- die Interessensvertretung des Reit-, Fahr- und Voltigiersports sowie der Zucht gegenüber der Öffentlichkeit sowie nationalen und internationalen Behörden und Organisationen

Ein Preisbeispiel

Reiten ist kein Sport ausschließlich für Reiche, aber es zählt schon zu den kosten-intensiveren Sportarten. Wie auch bei anderen Sportarten sind es nicht die Unter-richtsstunden selbst, sondern die Zusatzausgaben, die die meisten Kosten verur-sachen. Es gibt regionale Preisunterschiede sowohl in den Reitschulen als auch bei den Reitsportgeschäften. Ich möchte Ihnen daher hier einen grob kalkulierten Anhaltspunkt geben, mit welchen Kosten Sie zu Anfang erst einmal rechnen soll-ten (Stand von 2002). Meistens empfiehlt es sich, bei Ihrer Reitschule eine so ge-nannte Zehnerkarte zu kaufen, bei der Sie dann umgerechnet für die einzelne Stunde weniger bezahlen (wird evtl. nicht in allen Reitschulen angeboten). Die Preise für Kinder- und Jugendlichen-Reitstunden sind häufig niedriger.

* Longenstunde (1/2 Stunde)   ca. EUR 15,- bis 25,-
* Gruppenstunde (3/4 bis 1 Stunde) ca. EUR 10,- bis 20,-
* Einzelstunde (1/2 bis 1 Stunde)   ca. EUR 15,- bis 40,-

Selbst wenn Sie erst einmal in den Reitsport hineinschnuppern möchten, sind ei-nige Anschaffungen notwendig. [5]

* Reitkappe ab ca. EUR 50,- (kann oft auch in der Reitschule geliehen werden)
* Gummireitstiefel   ca. EUR 40,-
* Handschuhe   ab ca. EUR 5,-
* Reithose   ab ca. EUR 60,-
* 1 Tüte Leckerlis   ab ca. EUR 3,-
  zur Belohnung „Ihres" Schulpferdes
  (über eine Möhre oder einen Apfel wird es sich aber ebenso freuen)

---

[5] Lesen Sie hierzu auch Kapitel 6 „Die Ausrüstung des Reiters"

Kapitel 2

Sportpartner Pferd - vom unbekannten Wesen zum vertrauten Freund

Ich habe den Hauptunterschied des Reitens zu anderen Sportarten schon in Kapitel 1 angesprochen. Wir lernen auf, mit und von einem Lebewesen. Ihr Fortschritt beim Reitenlernen hängt maßgeblich davon ab, wie gut Sie die Sprache der Pferde verstehen und wie Sie von Ihnen verstanden werden.

Pferde sind sensible, soziale Tiere, die lernen mussten, sich in der so anderen Welt des Menschen zurechtzufinden und sich an dieses ihrer Natur widersprechende Leben anzupassen, um zu überleben. Wir haben die moralische Verpflichtung, es den Pferden so leicht wie möglich zu machen, indem wir uns über ihre Bedürfnisse informieren, sie achten und freundlich und verantwortungsbewusst behandeln. Gleichzeitig ist dies unumgänglich für unsere eigene Sicherheit, denn selbst kleinere Pferde oder Ponys sind uns von ihren körperlichen Kräften her überlegen.

Eohippus (vor 50 Mio. Jahre)

Dieses Kapitel soll Ihnen Basisinformationen über das Wesen und Verhalten der Pferde vermitteln, sodass Sie ihre Verhaltensweisen und Reaktionen verstehen, sie fair behandeln und eine Partnerschaft zu ihnen aufbauen können. Als Erstes ist es daher wichtig zu wissen, wie die Pferde früher in Freiheit gelebt haben, ohne den Einfluss von uns Menschen.

Mesohippus (vor 40 Mio. Jahre)

Entwicklungsgeschichte und Anpassungen an die Umwelt

Über ca. 60 Millionen Jahre hat sich das Pferd durch natürliche Auslese an die jeweiligen Umweltbedingungen angepasst, bis es so aussah, wie wir es heute kennen.

Merychippus (vor 25 Mio. Jahre)

Die Entwicklungsstufen gingen von fuchsgroßen Tieren im Lebensraum der feuchten Urwälder zu größeren Lebewesen in der

So entwickelte sich das Pferd äußerlich über Millionen von Jahren.

Wildpferd (seit etwa 2 Mio. Jahre)

Trockensteppe. Das bekannte Przewalski-Pferd aus der Mongolei, dessen Rückzüchtungen heute wieder in einigen Zoos zu sehen sind (z.B. in Duisburg), gilt als der eigentliche Vorfahre der heute lebenden Pferde.

Ca. 4000 v. Chr. kam das Pferd wahrscheinlich zum ersten Mal mit uns Menschen in Kontakt. Es diente uns erst als Fleischlieferant, dann als Reit- und Zugtier, im Krieg, zur Jagd, als Tausch- und Luxusobjekt, als Sportpartner, zur Beförderung von Personen und Post sowie als Arbeitstier in der Landwirtschaft. Jetzt ist es fast ausschließlich Sportpartner geblieben, Kamerad in der Freizeit und leistet auch beim therapeutischen Reiten behinderten Menschen sehr gute Dienste.

Mit dem Wissen über seine lange Entwicklungsgeschichte muss uns bewusst werden, dass es sich in den letzten 6000 Jahren, in denen es nur in Kontakt mit dem Menschen steht, unmöglich komplett an das Leben in unserer Welt angepasst haben kann, zumal sich unser Lebensraum täglich weiter wandelt. Wir selbst haben ja oft schon Probleme, den schnellen Veränderungen zu folgen. Der Körper ist mit den sehr gut ausgebildeten Sinnesorganen und dem gesamten Körpersystem perfekt für das Leben in der freien Wildbahn konzipiert. Es ist wichtig zu akzeptieren, dass unsere heutigen Pferde die meisten ihrer Verhaltensweisen aus der freien Wildbahn beibehalten haben – danach müssen wir uns richten und wir müssen lernen, sie zu verstehen.

Natürliche Verhaltensweisen

Verhalten wird bestimmt durch Wahrnehmungen der Sinnesorgane, Triebe (vererbt, unbeeinflussbar, z.B. Bewegungstrieb), Instinkte (vererbt, unbeeinflussbar, z.B. Mutterinstinkt) und Reflexe (unbewusste und unbeeinflussbare Reaktionen auf einen Reiz, z.B. Ausschlagen nach plötzlicher Berührung). Diese Verhaltensweisen sind bei domestizierten Pferden häufig nicht mehr so stark ausgebildet wie bei Wildpferden, aber dennoch vorhanden.
Pferde sind:

● **Bewegungsseher**
d.h. sie bemerken kleinste Bewegungen in ihrem Sichtfeld und können so in der freien Wildbahn auf nahende Raubtiere sofort mit Flucht reagieren. Da ihre Sinne sehr viel feiner arbeiten als unsere, reagieren wir oft auf ein solches Verhalten mit Unverständnis. In den meisten Fällen hat das Pferd jedoch arttypisch richtig reagiert.

● **Fluchttiere**
Pferde reagieren beim Bemerken von Gefahr (oder auch nur vermeintlicher Gefahr) sofort mit Flucht in die entgegengesetzte Richtung. Erst dann schauen sie, wovor sie davongelaufen sind. Erst wenn es keinen Ausweg mehr gibt, werden

sie sich mit ihren Hufen und Zähnen dem Kampf stellen. Dieses Verhalten war in der freien Wildbahn überlebenswichtig und spiegelt sich auch noch im Verhalten der domestizierten Pferde wider – was uns manchmal schon zum Verzweifeln bringen kann.

● Herdentiere

Pferde leben in einer Gemeinschaft, der Herde. Sie besteht meist aus bis zu 12 Tieren. Die Herde lebt in einer geregelten sozialen Ordnung mit klarer Rangfolge, die durch Laut- und Körpersprache hergestellt wird.

Sicher kennen und mögen Sie auch die Geschichten über den tollen wilden Hengst, der seine Herde sicher und mutig durch die Landschaft führt? So schön dieses Bild uns auch erscheint, hier muss ich Sie leider enttäuschen, denn in der Realität wird die Herde von einer erfahrenen Stute geführt. Sie findet gute Schlafplätze, Wasserlöcher oder ergiebige Weidegründe. Der Hengst beschützt die Herde vor Gefahren. Die Leittiere werden nach Eigenschaften wie Erfahrung, Persönlichkeit, Mut und Intelligenz ausgesucht.

● Wanderwild/Lauftiere

Pferde gehören zur Gruppe des Wanderwilds, d.h. sie bilden kein bestimmtes Revier, in dem sie leben, sondern ziehen nach dem Nahrungsangebot und sonstigen günstigen Lebensbedingungen weiter. Sie sind Lauftiere, die sich im freien Leben ca. 16 Stunden am Tag überwiegend im Schritt fortbewegen.

● „Nestflüchter"

was bedeutet, dass das Fohlen fast unmittelbar nach der Geburt lauffähig und in der Lage ist, mit der Herde zu fliehen. Diese Fähigkeit ist ebenfalls Teil der Überlebensstrategie der Pferde. Aus diesem Grund haben Neugeborene im Verhältnis zum Körper viel zu lange Beine.

Friedlich grasende Pferdeherde unter Einhaltung der individuellen Abstände

Charakter/Wesen

Charakter ist von Vererbung, Umwelt, Erziehung und eigenem Willen beeinflussbar. Jedes Pferd hat, wie wir auch, einen eigenen Charakter, der ihm nicht unbedingt auf den 1. Blick anzusehen ist. Generell sind Pferde gutmütig, klug, vorsichtig und nicht nachtragend. Bei korrektem Umgang, artgerechter Haltung und Ausbildung sowie guter Pflege sind sie dem Menschen gute und willige Kameraden. Böswillig werden sie im Allgemeinen nur durch falsche Haltung oder Behandlung durch den Menschen.

Sie empfinden Gefühle und möchten, wie alle höher entwickelten Lebewesen, unangenehme vermeiden und angenehme erlangen. Dies kann uns von Vorteil sein, z.B. bei der Erziehung durch Belohnung, aber auch von Nachteil, z.B. wenn Pferde mit anderen Menschen bereits schlechte Erfahrungen gemacht haben. Sie vergessen so schnell keine einschneidenden Erlebnisse, und reagieren auf Basis der gemachten Erfahrungen. Dies ist ein natürlicher Mechanismus zu ihrem eigenen Schutz und zur Erhaltung der Art. Sie sind von Natur aus defensiv und würden nur angreifen, wenn sie sich in die Enge getrieben fühlen und keinen anderen Ausweg sehen.

Man bezeichnet das Auge als den „Spiegel der Seele". Es kann die Verfassung und das Wesen des Pferdes zeigen. Genauso spiegelt das Ohrenspiel die Stimmung und das Wesen wider. Nach vorn gerichtete Ohren sowie lebhafte Ohrenbewegung deuten auf ein aufmerksames und freundliches Pferd hin, bei angelegten Ohren ist Vorsicht angesagt, das Pferd droht.

Sinne

Die Sinne der Pferde sind in Anpassung an ihre Überlebensstrategie, nämlich jegliche Gefahr schnellstmöglich zu erkennen und sofort zu fliehen, sehr gut ausgebildet.

- **Geruchssinn:** Pferde prüfen Dinge am liebsten mit den Nüstern und den Tasthaaren, um sie besser einschätzen zu können. Dies gilt insbesondere für ihr Futter.
- **Geschmackssinn:** Dieser ist nicht sonderlich gut, daher müssen sich Pferde vor dem Fressen mit ihrem Geruchssinn über die Art und Qualität des Futters informieren.
- **Gehör:** Die Ohren sind sehr gut ausgebildet, können unabhängig voneinander bewegt werden und auch die Richtung erkennen, aus der Geräusche kommen. Pferde können Töne hören, die unserem Gehör verborgen bleiben. Die Ohren sind ständig aufmerksam, um keine Bewegung und kein Geräusch zu verpassen.

- **Augen:** Das Gesichtsfeld beträgt fast 360 Grad. Die Augen erkennen Farben in gewissem Maße und Formen (3D), können jedoch bewegliche Dinge sehr viel besser erkennen als statische.
- **Haut** (Tastsinn/Reizreaktion): Die Haut ist ein sehr empfindliches Sinnesorgan. Beobachten Sie einmal im Sommer, wie bestimmte Hautpartien zucken, wenn sich eine kleine Fliege darauf niederlässt. Diese Muskelbewegungen zählen zu den Reflexen und geschehen also automatisch.

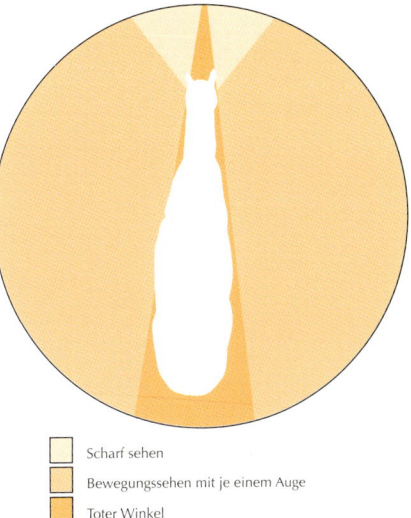

☐ Scharf sehen

☐ Bewegungssehen mit je einem Auge

☐ Toter Winkel

Körperbezeichnungen

Zum Kennenlernen Ihres neuen Sportpartners gehört auch, dass Sie ihn beschreiben bzw. seine wichtigsten Körperteile benennen können.

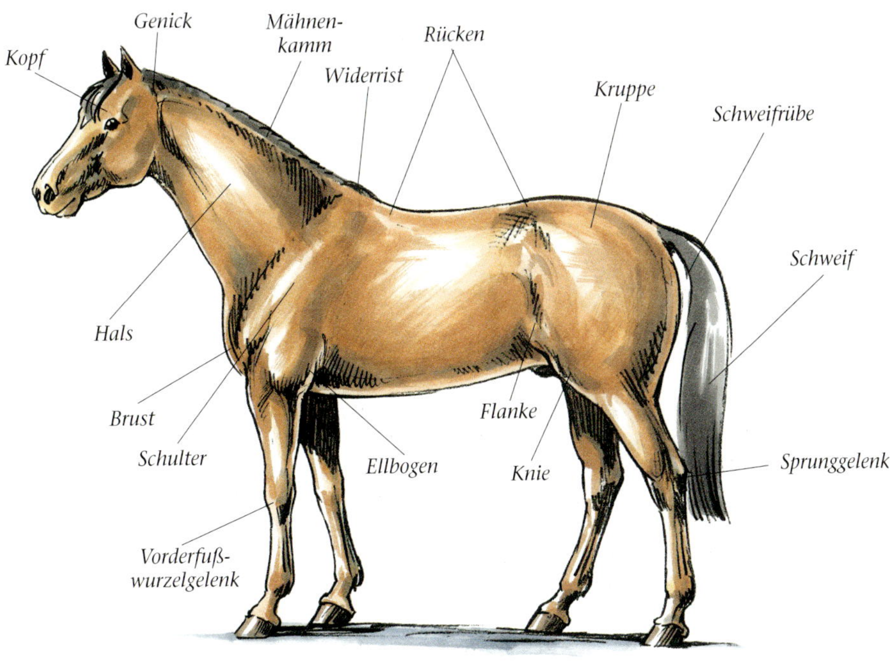

Genick Mähnen-kamm Rücken Kopf Widerrist Kruppe Schweifrübe Schweif Hals Brust Flanke Schulter Ellbogen Knie Sprunggelenk Vorderfuß-wurzelgelenk

Geschlecht

Es gibt Stuten (weiblich), Hengste (männlich) und Wallache (kastrierte Hengste). Im Umgang sind Hengste häufig schwieriger als Stuten oder Wallache und verlangen daher dominantes und konsequentes Auftreten. Für Sie als Einsteiger sind Hengste keine optimalen Partner, sie werden im Schulbetrieb im Allgemeinen nicht eingesetzt.

Alter

Pferde sind mit ca. 6 Jahren ausgewachsen. Bei artgerechter Haltung und Pflege können sie bis zu 30 Jahre alt werden, in seltenen Fällen auch älter. Laien können einem Pferd das Alter nicht ohne weiteres ansehen, der Fachmann erkennt es an verschiedenen Kennzeichen der Zähne und anderen physiognomischen Merkmalen.

Rassen

Es gibt ca. 250 Pferderassen auf der Welt, die sich über einen langen Zeitraum durch räumliche Isolation und Umwelteinflüsse sowie letztlich auch durch gezielte Zucht herausgebildet haben.

Jede Rasse hat ihre typischen Merkmale in Bezug auf Größe, **Exterieur**, Temperament, Farben etc. Jedes Pferd bleibt dennoch ein Individuum.

Quarterhorse

Vollblut

Kaltblüter

Warmblüter

Isländer

Araber

Shetlandpony

Oberhalb der Rassen werden die Pferde in verschiedene Typen eingeteilt: zum einen nach der Größe in Ponys und Pferde (siehe auch folgender Abschnitt „Größen"), zum anderen nach ihrer Herkunft/Verwendung in

- Vollblüter: edle, sensible Tiere, meist im Rennsport oder zur **Veredelung** in der Warmblutzucht eingesetzt, z.B. englisches Vollblut
- Kaltblüter: schwere, ruhige Pferde, früher bei der Arbeit auf dem Feld eingesetzt, jetzt häufig Kutschenpferde, z.B. das englische Shirehorse oder das süddeutsche Kaltblut
- Warmblüter: Zusammenfassung aller Rassen, die nicht Kaltblut oder Vollblut sind, z.B. Hannoveraner

Größen

Pony und Pferd

Die Pferde haben in ihrer Entwicklung in den letzten Millionen Jahren eine starke Größenveränderung durchlebt. Heute gibt es sie in allen Größen, von den Mini-Ponys mit **Stockmaß** (Stm.) um die 50 cm bis zum englischen Shire-Horse, der größten Pferderasse, mit Stm. bis zu rund 1,80 m. Die Größe wird gemessen vom Boden, gerade hoch bis zum Widerrist. Im Turniersport bezeichnet man Tiere bis 1,48 m Stm. als Ponys, größere Tiere als Pferde.

Innerhalb jeder Rasse gibt es bestimmte typische Größenbandbreiten. Die Größe eines Pferdes/Ponys sagt nichts über Charakter oder Verhalten etc. aus.

Farben/Fellzeichnungen (Abzeichen)

Bei den Wildpferden war das Fell in Anpassung an den Lebensraum Trockensteppe grau bis bräunlich. Das Fell wird Deckhaar genannt, die Mähne und der Schweif Langhaar. Bei den heutigen, domestizierten Pferden gibt es verschiedene Farbausprägungen mit den Grundfarben

- Fuchs (rötliches Deckhaar, gleichfarbenes oder helleres Langhaar),
- Brauner (braunes Deckhaar, dunkleres bis schwarzes Langhaar),
- Rappe (schwarzes Deckhaar, schwarzes Langhaar),
- Schimmel (weißes Deckhaar, weißes Langhaar).

Es gibt noch weitere Farben in den verschiedensten Kombinationen, die teilweise rasseabhängig sind.

Brauner   *Schimmel*   *Rappe*   *Falbe*   *Fuchs*

Zusätzlich können Pferde von Geburt an weiße Fellzeichnungen (Abzeichen) verschiedenster Form und Größe am Kopf oder/und an den Beinen haben, die zu ihrer Individualität beitragen. Im Laufe ihres Lebens können noch weitere hinzukommen, z.B. wachsen oft nach Verletzungen weiße Haare nach. Auch Haarwirbel oder Narben gelten als Kennzeichen, die ein Pferd unverwechselbar machen.

Grundgangarten

Es gibt von Natur aus 3 Grundgangarten: Schritt, Trab und Galopp. Im Schritt bewegt sich die Herde die meiste Zeit über fort, im Trab überwindet sie große Strecken, und galoppiert wird meist auf der Flucht. Einige Pferderassen haben noch weitere Gangarten, wie z.B. der Tölt bei den Islandpferden[6].

Der Schritt ist die langsamste Gangart. Er ist für den Anfänger von allen Gangarten am leichtesten zu sitzen.

Die nächst höhere Gangart ist der Trab, bei dem der Rücken des Pferdes auf und ab schwingt. Trab ist für den Anfänger daher schwieriger zu sitzen und erfordert viel Flexibilität in der Hüfte.

Der Galopp ist leichter zu sitzen als der Trab, es ist eine Art Schaukelbewegung. Er wird jedoch meist mit Respekt betrachtet, da er die schnellste Gangart darstellt.

---

[6] Siehe auch Kapitel 3 „Die verschiedenen Reitweisen"

Haltungsformen/artgerechte Haltung

Es gibt sehr unterschiedliche Haltungsformen. Im Vordergrund muss die artgerechte Haltung stehen, was bedeutet, den Pferden ein Leben zu bieten, das der Erfüllung ihrer natürlichen Bedürfnisse am nächsten kommt.

Die zu erfüllenden Grundbedürfnisse an ein Haltungssystem sind Sauberkeit, Futter bester Qualität in angemessener Menge, ständig frisches Wasser, viel Bewegung und Auslauf an frischer Luft, Sozialkontakte zu Artgenossen sowie regelmäßige Pflege durch den Betreuer, Schmied und Tierarzt. Auch müssen die Unterkünfte und Ausläufe/Weiden regelmäßig überprüft und gepflegt werden. Alle Verletzungsgefahren in Reichweite der Pferde müssen entfernt werden. Nur wenn diese Dinge erfüllt sind, kann sich ein Pferd wohl fühlen und auch Leistung bringen. Zudem verstößt nicht artgerechte Haltung gegen das Tierschutzgesetz (siehe auch S. 9).

Es gibt folgende Aufstallungsarten:
- Laufstall (die Haltung einer Pferdegruppe in einem gemeinsamen großen Stall)
- Gruppenauslaufhaltung (die Haltung einer Pferdegruppe mit getrennten Fress- und Liegebereichen)
- Einzelaufstallung in Boxen
- Weidehaltung

Aufgrund von Klimaeinflüssen, Verwendungszweck und Praktikabilität werden oft Mischformen angewandt, bei denen die Pferde z.B. täglich einige Stunden auf die Weide kommen und sonst in Boxen gehalten werden. Auch bei Schulpferden ist dies oft der Fall. Aus Gründen der Sicherheit und der schnelleren Verfügbarkeit im Sinne der Reitschüler sind die Pferde zu Beginn der Stunden meist in Einzelboxen untergebracht.

Laufstall
Es ist wichtig, dass bei der Anzahl der Tiere der Flächenbedarf des einzelnen Pferdes berücksichtigt wird und die Tiere zusätzlich Weidegang und Auslauf an der frischen Luft bekommen. Diese Haltungsform kommt in der Schulpferdehaltung eigentlich kaum vor, sondern wird eher in der Aufzucht für Jungtiere eingesetzt.

Laufstall: Für diese Haltungsform ist es wichtig, dass sich die Zusammensetzung des Pferdebestandes nicht häufig verändert.

Gruppen-Auslaufhaltung

Diese Haltungsform gehört eigentlich zur Laufstallhaltung, nur dass hier die Bereiche Schlafen und Fressen/Saufen räumlich voneinander getrennt sind, damit die Pferde zur Bewegung angeregt werden. Auch diese Form ist in Reitschulen nicht so gebräuchlich, eher in der Freizeitpferdehaltung.

Gruppen-Auslaufhaltung

Einzelboxen

Am häufigsten werden Pferde in Einzelboxen gehalten. Wenn diese Haltungsform gewählt wird, müssen einige Dinge unbedingt berücksichtigt sein, um sie artgerecht nennen zu können. Zusätzlich zu den anfänglich genannten Grundanforderungen muss sich die Größe der Box nach der Größe des Pferdes richten, die Faustformel für die Mindestgrundfläche ist $(2 \times \text{Widerristhöhe in m})^2$. Die Tür sollte für Großpferde mind. 2,50 m hoch und 1,20 m breit, der Boden rutschfest und gut eingestreut sein. Die Einstreu (meist Stroh) muss immer sauber sein. Es ist unabdingbar, dass das Pferd zusätzlich tägliche Bewegung und/oder Auslauf sowie Weidegang bekommt.

Die Pferde haben in Einzelboxen nicht so viel Kontakt zueinander, daher müssen sie regelmäßig Gelegenheit zum Auslauf, am besten mit Artgenossen bekommen.

Weidehaltung

Die Weidehaltung ist die artgerechteste Haltungsform, bei der das Pferd seine natürlichen Verhaltensweisen am besten ausleben kann, allerdings nur dann, wenn eine Schutzhütte vorhanden ist, die bei Bedarf Schutz vor starkem Regen oder starker Sonneneinstrahlung bietet. Die Weide muss vernünftig eingezäunt (kein Stacheldraht oder Ähnliches), von Giftpflanzen frei sowie gut gepflegt und ohne Löcher oder sonstige Gefahrenquellen sein. Die ausschließliche Weidehaltung ist in Deutschland aufgrund der klimatischen Verhältnisse kaum möglich (knietiefer Matsch, wie man es leider oft sieht, ist nicht artgerecht), wird aber in der warmen und trockenen Jahreszeit gern als Ergänzung genutzt. Gerade für Schulpferde ist die Weide zur Entspannung und Abwechslung sehr wichtig.

Weidehaltung

Noch kurz ein Wort zur Unterbringung von Pferden in Ständern. Hierbei stehen die Tiere zwischen zwei flexiblen Seitenteilen angebunden vor einer Wand. Diese Unterbringung zählt nicht zu den Haltungsformen, da sie tierschutzwidrig und in einigen Bundesländern bereits per Gesetz verboten ist. Sie ist nur für eine kurze Zeit zu rechtfertigen, z.B. zur Vorbereitung des Pferdes vor einem Ausritt.

Witterungsschutz

Die Pferdesprache / Kommunikation zwischen Mensch und Pferd

Für Herdentiere ist der Kontakt zwischen den einzelnen Mitgliedern und eine soziale Ordnung sehr wichtig und notwendig zur Kommunikation und Erhaltung der Art. Dies wird erreicht durch das Sozialverhalten (angeborene und erlernte Körper- und Lautsprache). Wenn wir die Pferde verstehen wollen, müssen wir ihre Körpersprache deuten und gleichzeitig unseren Körper und unsere Sprache als Kommunikationsmittel nutzen lernen.

Als Körpersprache bezeichnet man jede körperliche Bewegung, die bewusst oder unbewusst, mit oder ohne Absicht, einen seelischen Zustand ausdrücken will. Dabei muss immer der Körper als Ganzes betrachtet werden und die Kombination des Ausdrucks von Haltung, Schweifbewegung und -stellung, Ohrenspiel, Gesichtsausdruck etc. Die Basisregeln der Körpersprache sind sehr einfach. Für bestimmte Aussagen werden stets die gleichen Gesten verwendet. Langsame, ruhige Bewegungen und horizontale Körperlinien bedeuten positive Stimmung; hektische, schnelle Bewegungen und aufrechte Körperlinien negative.

Flehmen

Gähnen

Neugier

Drohen

Dösen

Angst

Erschöpfung

Erregung

Einige typische Stimmungsausdrücke; erkennbar an Kopfhaltung, Ohrenstellung, Augenausdruck und Maul/Lippen

Die Lautsprache umfasst viele verschiedene Töne und Laute, wie z.B.

- Entspannung, Neugier, Interesse – sanftes Schnauben
- Begrüßung – in die Nase blasen, leises Wiehern in tiefer Tonlage oder gedämpftes Grummeln, Ohren nach vorn gerichtet
- Kontaktaufnahme – helles, lautes, melodisches Wiehern (Erkennungsruf)
- Erregung, Unsicherheit – „schnorcheln"
- Warnen – helle und hohe Quietschlaute, schnelles Schlagen mit den Vorderbeinen
- Alarm – aufrecht stehen, stocksteif oder ruckartiges Vorwärtsbewegen, weit geöffnete Augen und Nüstern, gespitzte Ohren in Richtung der Gefahr, „schnorcheln", Schweif hoch gestellt
- Wohlfühlen – grunzen/stöhnen, z.B. beim Wälzen (Vorsicht! Kann auch Schmerz bedeuten)

Pferde können ihre Artgenossen unter anderem am Wiehern erkennen und uns Menschen an der Stimme, am Gang, unserer Körperhaltung und an der Gestik. Auch das gesprochene Wort können sie erkennen und verstehen, sofern wir einheitliche Worte in derselben Betonung für bestimmte Kommandos verwenden und bei gewünschter Reaktion sofort loben.

Das Pferd sieht uns Menschen als Artgenossen; entweder als rangniedrigeren oder ranghöheren. Zu Beginn Ihrer Ausbildung und Ihres Kontaktes zu den Pferden haben Sie verständlicherweise noch nicht das nötige Wissen und die Sicherheit, um den höheren Rang einzunehmen. Wichtig ist, dass Sie gegenseitiges Vertrauen aufbauen und seine Sprache lernen. Sie können mit ihm kommunizieren mit Hilfe der Stimme und Belohnung sowie dem Erlernen der Hilfen beim Reiten. Seien Sie niemals unbeherrscht, ungeduldig oder hektisch – das Pferd wird sicher versuchen, Sie zu verstehen, aber es dauert eine Weile, bis die Verständigung funktioniert. Denken Sie daran, wie lange es dauert, eine Fremdsprache zu erlernen. Dies ist durchaus vergleichbar. Und meist liegt der Fehler bei uns.

Nehmen Sie sich die Zeit und beobachten Sie einmal eine Pferdeherde auf der Weide oder dem **Paddock**. Achten Sie auf ihre Körpersignale und ihre Laute. Dabei lernen Sie am meisten über Ihren neuen Kameraden, und gleichzeitig ist es die beste Entspannung nach einem arbeitsreichen Tag. Mit dem so Gelernten werden Sie das Pferd schnell davon überzeugen können, dass Sie einen höheren Platz in der Rangfolge verdient haben.

Dülmener Wildpferde sind die einzige in Deutschland noch lebende Wildpferderasse. Sie leben im Merfelder Bruch in der Nähe von Münster. Bei domestizierten Pferden können Sie die natürlichen Verhaltensweisen genauso beobachten.

Pferdepflege

In der freien Wildbahn pflegen die Artgenossen das Fell des anderen durch Knabbern und Lecken, oder auch das Pferd selbst pflegt sich durch Wälzen oder Schubbern an Bäumen o. Ä. Die Fellpflege und der Sozialkontakt sind sehr wichtig für das Wohlbefinden der Pferde. Domestizierte Pferde haben dazu oft leider nur eingeschränkt die Möglichkeit, also muss der Mensch den Artgenossen ersetzen. Hinzu kommt, dass Pferde vor der Auflage von Ausrüstungsgegenständen wie z.B. dem Sattel gesäubert werden müssen, um schmerzhafte und langwierige Druckstellen zu vermeiden (Denken Sie daran, wie weh Blasen tun, besonders, wenn man mit ihnen ohne Pflaster in schlecht sitzenden Schuhen weiterlaufen muss). Putzen erhöht außerdem das Vertrauensverhältnis zwischen Mensch und Pferd.

In der Natur halten sich Abnutzung und Nachwachsen der Hufe beim Laufen die Waage. Durch „das zusätzliche Gewicht Mensch", die intensivere Form der Bewegung sowie die andersartige Bodenbeschaffenheit (z.B. Asphalt) kürzen sich die Hufe meist schneller als sie nachwachsen können. Aus diesen und anderen Gründen tragen die meisten Pferde zum Schutz der Hufe Hufeisen, die regelmäßig erneuert werden.

Die Haare in den Ohren (Schutzhaare) und die Tasthaare an Maul und Nüstern (Ergänzung zu den Sinnesorganen) dürfen nie gekürzt oder abgeschnitten werden. Die Hufe werden vor und nach der Arbeit ausgekratzt, auf Fremdkörper untersucht und regelmäßig eingefettet.

Nach der Arbeit sorgt man dafür, dass das Pferd trocken, nicht schweißverklebt und ruhig atmend in seine Box kommt.

Verhaltensstörungen

Wird das Pferd in irgendeiner Weise über- oder unterfordert, sei es durch nicht artgerechte Haltung, falsches, unregelmäßiges oder übermäßiges Training, falsche Behandlung durch uns Menschen oder andere Einflüsse, steht es unter Stress. Wir kennen das Gefühl und wissen, dass man sich dann irgendwie abreagieren muss. Pferde können sich kein Ausgleichshobby zulegen und müssen sich ein anderes Ventil suchen. Es zeigt in den Fällen als Reaktion oft Verhaltensweisen, die dann von uns als Verhaltensstörungen bezeichnet werden. Die Ursachen hierfür sind jedoch meist bei uns Menschen zu suchen. Bitte beachten Sie aber auch, dass diese Verhaltensweisen aus früheren schlimmen Erfahrungen resultieren können und nicht unbedingt die momentane Haltungs- oder Pflegesituation widerspiegeln.

● **Koppen**
Das Pferd krümmt den Hals und schluckt mit oder ohne Geräusch Luft ab. Es setzt dazu entweder die Schneidezähne an einem Gegenstand, z.B. Tränke, auf oder macht es, ohne aufzusetzen. Dabei entsteht ein Geräusch, das ähnlich wie rülpsen klingt.

● **Barrenwetzen und Gitterbeißen**
Das Pferd schabt mit den Vorderzähnen an den Gitterstäben entlang oder beißt hinein.

● **Schlagen an die Wände und exzessives Scharren**
Es kann auch als Betteln gemeint sein, um Futter oder Aufmerksamkeit zu erlangen.

● **Weben**
Das Pferd pendelt mehr oder weniger heftig mit gespreizten Vorderbeinen von einer Seite auf die andere und zurück.

● **Boxenlaufen**
Das Pferd läuft, meist in Kreisen, durch die Box.

● **Sich-nicht-Legen**
Da die Regeneration des Pferdes durch Stehen allein nicht stattfinden kann, ist das Hinlegen wichtig für das Wohlbefinden und die Gesundheit des Pferdes.

● **Automutilation**
Das Tier beißt sich und fügt sich selbst Wunden zu.

Unter www.reitanfaenger.de finden Sie viele anschauliche Fotos aus dem Leben der Pferde, die Ihnen ihr Wesen und ihre Verhaltensweisen besser näher bringen können als weitere Beschreibungen durch Text.

Kapitel 3

Die verschiedenen Reitweisen

Wenn Sie eine Pferdeherde auf einer Weide sehen, einen Stall betreten oder eine Reitstunde beobachten, werden Sie Ponys und Pferde verschiedener Farben und Größen sowie mit unterschiedlichen Körpermerkmalen erkennen. Es gibt über 200 Pferde- und Ponyrassen auf der Welt, die sich aufgrund der andersartigen Umweltbedingungen auf den Erdteilen entwickelt haben – und später auch durch die Zuchtauswahl des Menschen. Die Wandlung der Nutzung des Pferdes vom Fahren zum Reiten vollzog sich ca. 1000 v.Chr. Es entwickelten sich verschiedene Reitweisen abhängig vom Nutzungszweck der Pferde durch den Menschen und der Kultur sowie der geographischen Lage. In diesem Buch liegt der Schwerpunkt auf der klassischen Reitweise, auf der unser Ausbildungssystem basiert und die überwiegend in den Reitschulen unterrichtet wird. Ich möchte Sie aber zusätzlich kurz über die anderen existierenden Arten des Reitens informieren, denn vielleicht möchten Sie auch in diese einmal hineinschnuppern.

Gemeinsamkeiten und Unterschiede

Bei allen genannten Reitweisen gibt es einige Gemeinsamkeiten. Das Pferd ist der Mittelpunkt des Sports. Der Reiter oder Halter hat die Pflicht, sich um artgerechte Haltung und Ausbildung des Pferdes zu kümmern, damit es auch Spaß am Sport hat und diesen mit seinem Partner ohne seelischen oder körperlichen Schaden ausführen kann. Ebenso wichtig ist es, sich selbst stets in Theorie und Praxis weiterzubilden.

Natürlich gibt es auch einige Unterschiede wie in den vorwiegend verwendeten Pferderassen und -typen, der Ausrüstung von Pferd und Reiter oder der **Zügelführung**. Die Grenzen zwischen den Reitweisen sind jedoch fließend.

Klassische Reitweise

Klassisch auf das Reiten bezogen bedeutet traditionell oder bewährt. Diese Reitweise hat sich in Europa über einen langen Zeitraum entwickelt und wurde vornehmlich aus Deutschland, Frankreich und Italien bis in die heutige Zeit überliefert. Die klassische Reitweise, die oft auch als Englisch-Reiten bezeichnet wird, umfasst die Disziplinen
- **Dressur**
- **Springen**
- **Vielseitigkeit**

in ihren bereits erwähnten Leistungs-
klassen mit den verschiedenen Schwierigkeitsgraden E, A, L, M, S. Es gibt
klare Richtlinien für die Ausbildung von
Reiter und Pferd, die von der Deutschen Reiterlichen Vereinigung (FN) auf
der Basis der Überlieferungen ausgearbeitet wurden und laufend überarbei-
tet werden, um neue Erkenntnisse ein-
fließen zu lassen.

In Deutschland wird eine spezielle
Rasse gezüchtet, das Deutsche Reit-
pferd. Ansonsten werden die verschie-

*Die klassische Reitweise wird in
Deutschland überwiegend praktiziert.
Hier wird das Dressurreiten gezeigt.*

densten Rassen verwendet. Geritten wird mit ständigem beidhändigem Zügelkontakt (Anlehnung) und ständiger Schenkelverbindung zum Pferd.

Iberische Reitweise

Wie der Name schon sagt, hat dieser Reitstil seinen Ursprung in Spanien und entwickelte sich aus der Ausbildung für Nahkämpfe in Kriegen. Die iberische Reitweise
gibt es eigentlich nicht, sie vereint vielmehr 3 Stile mit
verschiedenen Lektionen:
- die Doma Vaquera, die Reitweise der spanischen
  Hirten,
- die Rejoneo, also die Stierkampfreiterei und
- die Hohe Schule mit den Lektionen über der Erde, die
  in der Spanischen Hofreitschule in Wien bei Besuchern
  immer wieder große Bewunderung auslösen.

Für diese Arbeit müssen die Pferde sehr wendig sein und auf feinste Hilfen des
Reiters reagieren. Kurze, kleinere, leichtfüßige Pferde im fast quadratischen Format mit starkem Hals sind dafür eher geeignet, daher werden Rassen wie der
Andalusier aus Südspanien oder der Lusitano aus Portugal hier vorwiegend eingesetzt. Die Pferde werden unter dem Sattel und an der Hand ausgebildet. Ziel
der Ausbildung ist es, die Pferde mit möglichst wenig Zügeleinwirkung, oft auch
einhändig, also überwiegend mit Gewichtshilfen, zu reiten. In Deutschland wird
die spanische Reiterei meist zu Showzwecken eingesetzt. Sie vermittelt sehr viel
Stolz, Harmonie und Anmut, besonders wenn sie mit der traditionellen, typischen Kleidung und Ausrüstung gezeigt wird.

Westernreiten

Der Westernsattel ist bequem und daher für lange Ritte optimal.

Die Westernreitweise hat ihren Ursprung in Nordamerika, wo die Pferde für die tägliche Arbeit mit den Rindern ausgebildet wurden und lange Strecken durch unwegsames Gelände zurücklegen mussten. Auch hier bestand die Notwendigkeit, dass Pferd und Reiter optimal zusammenarbeiteten. Die Pferde mussten schnell und wendig, aber auch genauso ruhig und konzentriert sein und auf kleinste Hilfen reagieren. Der Reiter soll jede Bewegung seines Pferdes kontrollieren können. Auch hier wird ohne ständigen Zügelkontakt, meist einhändig, geritten. Die Pferderassen, die hier vorwiegend eingesetzt werden, sind Quarter Horses, Paint Horses und Appaloosas, die sich durch Ausdauer, selbstständige Mitarbeit und Kooperationsbereitschaft auszeichnen. All diesen Rassen gemeinsam ist ihre Kompaktheit, ihr niedriges **Stockmaß** (max. 1,60 m) und die kräftig bemuskelte Hinterhand. In Deutschland wird die Westernreiterei im Freizeitbereich, auf Turnieren und zu Showzwecken betrieben, wobei es verschiedene Klassen und Disziplinen gibt. Die Übungen sehen zum Teil wegen der schnellen und präzisen Ausführung spektakulär aus. Man unterscheidet

- Halter-Klassen (Vorstellung an der Hand),
- Reining (sehr schnelle Manöver wie Spins = 360°-Wendungen auf der Hinterhand oder Sliding Stops = gleitende Vollbremsung auf der Hinterhand aus dem Galopp),
- Pleasure (Präsentation des Pferdes in entspannter Haltung in den 3 Grundgangarten),
- Trail (Prüfung der Nervenstärke und Geschicklichkeit des Pferdes an mind. 6 Aufgaben/Hindernissen wie Weidetor, Brücke u.Ä.),
- Western Riding (Bewältigung von Trailhindernissen und Galoppwechseln)
- Western Horsemanship (Bewertung von Haltung und Hilfengebung des Reiters),
- Cutting (ein Rind muss von der Herde abgesondert werden),
- Working Cowhorse (Bewertung der Rittigkeit des Pferdes; ein Rind wird durch eine bestimmte Aufgabe getrieben),
- Barrel Racing (Slalom um Tonnen auf Zeit).

Gangpferde-Reiten

Als Gangpferde bezeichnet man Pferde, die neben den 3 Grundgangarten Schritt, Trab und Galopp noch 2 weitere „Gänge" beherrschen, nämlich den Tölt und den Rennpass. Es gibt ca. 40 töltende Rassen auf der Welt. Die bekannteste mit dieser Veranlagung sind die Islandpferde. Durch die besondere Fußfolge sind diese Gänge sehr bequem für den Reiter.

Gangpferdereiten ist eigentlich keine eigenständige Reitweise, sie vereinigt vielmehr einige Reitstile. Die zusätzlichen Gänge werden nicht künstlich hervorgerufen, sondern sind genetische Veranlagung. Gangpferde werden heute gezüchtet für den Sport und die Freizeit. Durch die bequem zu sitzenden Gangarten waren diese Rassen prädestiniert für das Befördern von Personen über lange Strecken. Typisch ist die hohe Halshaltung dieser Pferde beim Reiten.

Gangpferderassen sind trotz ihrer geringen Größe sehr kräftig gebaut und können das Reitergewicht leicht tragen.

Kapitel 4

Sicherheit/Unfallverhütung
für Pferd und Reiter ...

Der Reitsport ist weit weniger gefährlich als sein Ruf. Es ist jedoch wichtig, einige Dinge zu wissen und zu beachten, um die Verletzungsgefahr für Menschen und Pferde so niedrig wie möglich zu halten; sowohl beim Reiten als auch schon im Umgang. Für uns Menschen stellt das angeborene Urverhalten der Pferde und ihre Kraft eine Gefahr dar; für die Pferde sind unsachgemäßes, menschliches Verhalten und die technisierte menschliche Welt Gefahrenquellen. Beides hängt voneinander ab.

Im Laufe Ihrer „Reiterlaufbahn" wird Ihnen der eine oder andere Sturz vom Pferd nicht erspart bleiben. Die meisten Stürze laufen jedoch glimpflich ab, auch wenn sie manchmal spektakulär aussehen. Mit dem richtigen Ausbilder und geeigneten Schulpferden wird das Risiko auf ein Minimum reduziert. Für den Fall, dass doch einmal etwas passiert, sei es beim Reiten oder beim Umgang mit Schulpferden, ist es wichtig zu wissen, dass der Reitbetrieb mit seinen entsprechenden Versicherungen dafür haftet.

Dieses Kapitel soll helfen, die häufigsten Ursachen für Unfälle im Vorfeld zu vermeiden.

... durch Basiswissen rund ums Pferd

Der beste Weg, Unfälle mit dem Pferd zu vermeiden ist, sich ein breites Basiswissen über die Natur, die Verhaltensweisen und Sprache der Pferde anzueignen. Die Wissensvermittlung durch den Reitlehrer wird sich in erster Linie auf Informationen rund um das Reiten beschränken. Manchmal werden auch Theoriekurse in den Reitschulen angeboten. Sollte dies in Ihrer Reitschule nicht der Fall sein, regen Sie es ruhig als konstruktiven Verbesserungsvorschlag an. Das zusätzliche Aneignen von Theorie-Wissen rund um das Pferd mit entsprechender Literatur[7] ist sehr wichtig, egal mit welchem Ziel Sie den Reitsport beginnen. Neben dem Sicherheitsaspekt macht das Reiten so zudem viel mehr Spaß, und mit diesem Wissen kann man das Pferd leichter und besser als Sportpartner behandeln.

Über folgende Themen sollten Sie sich schon zu Beginn zusätzlich zu den Lektüren zum praktischen Reitenlernen grundlegend und über dieses Buch hinaus informieren, z.B. in der Broschüre „Basispass Pferdekunde" der Deutschen Reiterlichen Vereinigung.

[7] Siehe „Literaturempfehlungen"

Basiswissen rund um das Pferd

- Pferdeverhalten
- Artgerechte Haltung
- Der richtige Umgang/Sicherheit im Umgang mit dem Pferd
- Pferdepflege
- Verantwortungen gegenüber dem Sportpartner Pferd
- Basiswissen über Pferdegesundheit
- Pferdeausrüstung/Satteln/Trensen

... im Umgang mit dem Pferd allgemein

Wenn man Reiten lernt, gehört der Umgang mit dem Pferd dazu, ob beim aus der Box holen, Führen, Putzen oder Satteln/Trensen. Gerade beim Umgang mit dem Pferd passieren viele Unfälle, die meist durch Überschätzung oder Unaufmerksamkeit verursacht werden. Daher ist es notwendig, die wichtigsten Regeln im Umgang mit dem Pferd zu kennen. Vermeiden Sie grundsätzlich Lärm (besonders hohe Töne) und hektische Bewegungen. Es zählt nicht Kraft, sondern Wissen und die richtige Technik. Grundsätzlich sollten Sie schon beim Umgang oder beim Führen angemessen angezogen sein, d.h. auf jeden Fall feste Schuhe und bequeme Kleidung tragen. Zusätzlich ist Folgendes wichtig:

Beim aus der Box holen
- Bei Annäherung und vor Betreten der Box sprechen Sie das Pferd an, bis Sie seine Aufmerksamkeit haben, damit es sich nicht erschrickt. Dieser Grundsatz gilt natürlich auch außerhalb der Box. Besondere Vorsicht ist bei fremden Pferden geboten.
- Gehen Sie niemals in eine Box, wenn das Pferd die Ohren angelegt oder Ihnen das Hinterteil zugewandt hat. Dies bedeutet Drohung und könnte in Angriff übergehen, wenn Sie trotzdem näher herangehen.
- Beim Herausgehen aus der Box mit dem Pferd erst gerade gehen, dann abbiegen, nicht schräg herausgehen. Die Tür vorher komplett öffnen und den Platz in der Stallgasse prüfen. Sonst besteht Verletzungsgefahr für das Pferd.

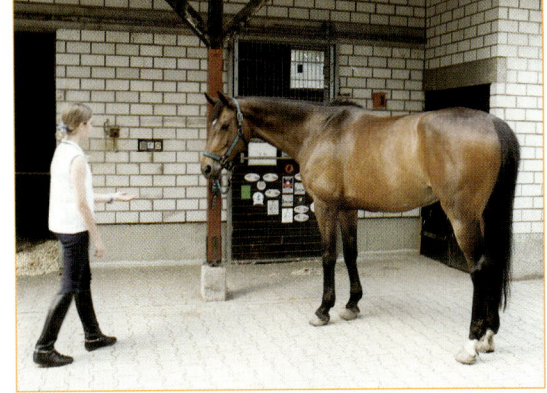

Außerhalb der Box nähern Sie sich dem Pferd immer seitlich von vorn und sprechen dabei mit ihm, bis Sie seine Aufmerksamkeit haben.

Beim Putzen

● Binden Sie das Pferd hierfür immer an, und zwar nur an festen Einrichtungen, ca. in Kopfhöhe. Es gibt wahrscheinlich in Ihrer Reitschule einen speziellen Putzplatz mit Anbindehaken. Das Seil muss so kurz sein, dass das Pferd seinen Kopf nicht unter das Seil nehmen, aber auch kein Bein über das Seil bekommen kann und so lang, dass es keine Panik bekommt. Der Anbindeknoten sollte aber für den Notfall leicht zu lösen sein. Eine sehr gute Lösung sind auch Bändchen, z.B. Strohballenriemchen, die man am Anbindehaken befestigt und das Pferd daran anbindet. Falls es einmal fest am Strick zerrt, reißt das Bändchen und verhindert so Verletzungen. Lassen Sie sich das korrekte Anbinden von erfahrenen Reitern zeigen.

Diese Pferde sind zu kurz, zu hoch, zu lang oder zu tief angebunden

- Ausreichender Sicherheitsabstand zum Nachbarpferd (mind. 2 m).
- Sicherster Standort für Sie ist direkt neben der Schulter, auch beim Schweifbürsten nicht direkt hinter dem Pferd stehen. Seitenwechsel immer vor dem Pferd.
- Besonders bei unbekannten Pferden die Reaktionen im Auge behalten, Vorsicht vor hektischen Bewegungen, Treten, Kopfschlagen oder Zwicken/Beißen.
- Beim Hufeauskratzen das Bein korrekt und gut festhalten. Lassen Sie sich zeigen, wie es geht.
- Beim Satteln/Trensen (Anlegen von Sattel und Zaumzeug):
  - Lassen Sie sich diese Dinge auf jeden Fall zeigen und üben Sie sie bei Anwesenheit einer erfahrenen Person. Sie lernen so etwas nicht aus einem Buch.
  - Satteln und Trensen immer von links vornehmen.
  - Das Pferd beim Wechsel von Halfter zu Trense nicht loslassen, zügig wechseln.
  - Wenn das Pferd beim Trensen das Gebiss nicht annehmen möchte, kann man mit dem linken Daumen in den zahnlosen Teil des Mauls (am Mundwinkel) drücken. Vorsicht, Pferdezähne und Kiefer sind sehr stark, also nicht mit den Fingern im Maul rumwandern.
  - Lassen Sie das Halfter nicht am Strick herunterhängen, sondern befestigen Sie es am Bändchen oder Ring, damit das Pferd nicht hineintreten oder hängen bleiben kann.

Sichere und leicht zu lösende Anbringung des Anbindestricks am Haltering

- Den Sattel langsam auflegen, von vorn nach hinten in die Sattellage schieben, den Sattelgurt von der rechten Seite vorsichtig herunterlassen (nicht gegen die Beine des Pferdes schlagen lassen) und langsam von links, zunächst noch nicht zu fest, anziehen. Vorsicht, manche Pferde mögen das Gurten nicht und könnten zwicken oder treten.
- Beim Anlegen der Trense achten Sie bitte darauf, dass das Gebiss beim Einlegen in das Maul nicht gegen die Zähne schlägt. Das gilt übrigens auch für das Herausnehmen des Gebisses aus dem Maul nach getaner Arbeit.

Beim Führen

- Es ist sicherer, ein Pferd, vor allem ein fremdes, mit einer Trense zu führen anstatt mit einem Halfter.
- Wickeln Sie sich niemals den Strick oder den Zügel um Hand oder Finger. Wenn sich das Pferd erschrickt, besteht für Sie die Gefahr, dass Sie Ihre Hand nicht mehr losbekommen.
- Auch hier ist der sicherste Platz direkt neben der linken Schulter des Pferdes.
- Beim Vorbeigehen an einem anderen Pferd ausreichenden Sicherheitsabstand halten, zügig vorbeigehen und die Pferde nicht berühren lassen.
- Ein unbekanntes oder unruhiges Pferd nicht allein von Artgenossen oder aus der vertrauten Umgebung wegführen.
- Tragen Sie am besten Handschuhe. Sie verhindern Brandblasen, sollte das Pferd Ihnen den Strick oder die Zügel durch die Hand ziehen.

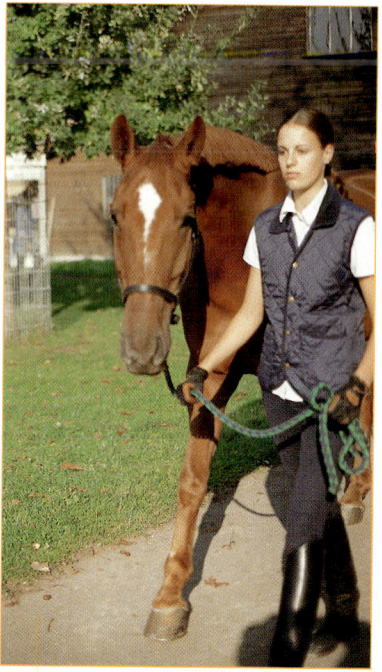

Korrektes Führen eines Pferdes. Pferde werden auf der linken Seite mit der rechten Hand geführt. Die linke Hand hält das Strickende und lässt es nicht als gefährliche Stolperfalle auf den Boden fallen.

Beim Reiten

Auch beim Reiten gibt es einige wichtige Sicherheitsregeln:

- Eine realistische Selbsteinschätzung ist die beste Basis und Voraussetzung für sicheres Reiten. Vertrauen Sie dem Urteil Ihres Reitlehrers, und wenn Sie später einmal ohne Reitlehrer reiten (am Anfang nicht ratsam), werden Sie nicht gleich übermütig bzw. zu selbstsicher.
- Jegliche **Hilfszügel** werden erst vor dem Aufsteigen in der Reitbahn angebracht.
- Vor dem Betreten einer Reitbahn (Halle oder Platz) „Tür frei" rufen und erst bei einer positiven Antwort weitergehen.
- Der sicherste und korrekte Platz zum Aufsteigen ist die Mitte eines Zirkels auf der Mittellinie.
- Vor dem Aufsteigen kontrollieren Sie bitte immer die Festigkeit des Sattelgurts. Ihr Reitlehrer wird Ihnen zeigen, wie Sie das machen. Ist er zu locker, besteht die Gefahr, dass Sie samt Sattel beim Aufsteigen herunterrutschen.
- Immer so großen Abstand zu anderen Pferden halten, dass diese sich nicht berühren können.

- Bald nach den Longenstunden und vor dem Freireiten sollten Sie die **Bahnregeln** und die Kommandos des Ausbilders beherrschen. Einen Teil davon werden Sie schon während des Longenunterrichts kennen lernen.
- Vor dem ersten Reiten außerhalb der Halle (Außenplatz oder Ausritt) sollten Sie sattelfest sein und Ihr Pferd in allen Gangarten beherrschen. Draußen sind Pferde allgemein sehr viel aufmerksamer und lebhafter. Mehr dazu lesen sie bitte im Kapitel 7 „Die Ausbildungsstufen des Reiters".

... durch qualifizierte Reitausbildung

Details zu diesem Thema lesen Sie bitte nach im Kapitel 5 „Die richtige Reitschule finden". Vor der Auswahl einer Reitschule sehen Sie sich diese Auswahlkriterien unbedingt an. Zum Thema Sicherheit ist wichtig, dass Ihr Reitlehrer auch wirklich eine entsprechende Ausbildung genossen hat, also mind. Reitwart oder Amateurreitlehrer ist. Nur so können Sie Zeit und Geld für überflüssige Reitstunden sparen und sich vor allem darauf verlassen, dass dieser guten Unterricht gibt und Wert auf Sicherheit legt.

Einige Longenstunden vor dem Reiten in der Gruppe sind unbedingt notwendig und ermöglichen einen schnelleren Fortschritt [8].

... durch geeignete Schulpferde

Nur Pferde, die entspannt und körperlich ausgeglichen sind, können zufrieden sein und gute Arbeit leisten. Zudem sind nur solche Pferde sichere Lehrpferde, da nur sie konzentrationsfähig, willig und nicht übermütig sind. Dies kann nur erreicht werden durch artgerechte Haltung und ausreichend Bewegung, auch mit Artgenossen auf der Weide [9].

Grundsätzlich zeichnet sich ein gutes Lehrpferd durch gutmütiges Temperament aus, um für Reitanfänger geeignet zu sein, und es ver-

Ein aufmerksames und gleichzeitig entspanntes (innerlich losgelassenes) Pferd auf dem Außenreitplatz

[8] Siehe auch Kapitel 7 „Ausbildungsstufen des Reiters"
[9] Siehe auch Kapitel 2 „Sportpartner Pferd" und 5 „Die richtige Reitschule finden"

47

zeiht Fehler. Es muss sich brav auf Stimme longieren lassen und selbstverständlich eine gute Grundausbildung genossen haben. Damit es sein Können erhält, wird es optimalerweise regelmäßig von guten Reitern oder dem Ausbilder selbst geritten.

... durch sichere Ausrüstung von Pferd und Reiter

Sehr wichtig für Ihre Sicherheit und die des Pferdes ist die sichere Ausrüstung.

Bei der Pferdeausrüstung ist unbedingt darauf zu achten, dass sie keine Sicherheitsmängel wie Bruchstellen oder Risse aufweist. Dies kann durch regelmäßige Kontrolle und Pflege verhindert werden. Besonders wichtig sind Trense und Zügel sowie beim Sattel der Gurt und die Steigbügelriemen. Diese Teile sind direkt für die Sicherheit des Menschen beim Reiten verantwortlich. Die Steigbügel müssen so breit sein, dass Sie mit Ihren Schuhen im Falle eines Sturzes nicht hängen bleiben. Alle Ausrüstungsgegenstände müssen einwandfrei passen und dem sauberen Pferd korrekt angelegt werden. Es ist darauf zu achten, dass die Sturzfeder (die kleine Öse, an der die Steigbügelriemen befestigt sind) offen oder leicht zu öffnen ist. Sie soll im Falle eines Sturzes die Bügelriemen freigeben, damit für den Reiter die Gefahr des Mitgezogenwerdens nicht besteht. Der Sattelgurt ist immer am vorderen und hinteren oder vorderen und mittleren Riemen (Strupfen) zu befestigen, da der vordere immer separat angenäht ist und so bei einem eventuellen Riss immer noch ein Riemen den Sattel hält. Lassen Sie sich diese Dinge so bald wie möglich zeigen und erklären, und prüfen Sie sie am besten selbst vor jedem Ritt. Die Ausrüstungsgegenstände werden von vielen Menschen genutzt und von den Verantwortlichen bestimmt regelmäßig überprüft und gepflegt, aber doppelt hält bekanntlich immer besser – und schaden kann es auf keinen Fall.

Die Reiterausstattung muss für den Anfang nicht die teuerste sein. Legen Sie mehr Wert auf Sicherheit und Passform als auf Optik und Design. Auf die Details werde ich im Kapitel 6 „Die Ausrüstung des Reiters" eingehen.

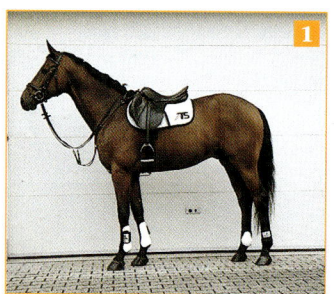

Ein überaus wichtiges Thema sind Reitkappen. Gesetzlich ist das Tragen von Reithelmen nicht vorgeschrieben, aber da sich ca. 80% der Verletzungen bei Reitunfällen auf den oberen Schultergürtel- und Kopfbereich beziehen, ist dies dringend zu empfehlen. Kommt es zu solchen Verletzungen (insbesondere im Kopfbereich) und wurde keine Reitkappe getragen, werden die Versicherungen (Unfall-/Haftpflicht-) ein Mitverschulden einwenden, das zum teilweisen oder vollständigen Ausschluss der Haftung führen kann. Das Tragen eines Reithelms mit der DIN-Norm 1384 ist daher dringend zu empfehlen, denn er erfüllt die Sicherheitsstandards.

Beispiele für Pferdeausrüstungen:

1 *Ausrüstung des Vielseitigkeitspferdes*
Vielseitigkeitssattel, Steigbügel/Sicherheitssteigbügel, elastischer Bauchgurt, Schabracke evtl. mit Gelkissen, Vorderzeug mit Martingal, Trense mit Olivenkopfgebiss oder Wassertrense, kombiniertes Reithalfter mit Sperrriemen, Gamaschen (vorne), Streichkappen (hinten)

2 *Ausrüstung des Freizeitpferdes*
Vielseitigkeitssattel mit Sicherheitssteigbügeln, passende weiche Satteldecke, Bauchgurt mit waschbarem Schonbezug, kombiniertes Reithalfer, doppelt gebrochenes Gebiss, Gurtzügel mit Stegen und Martingalschiebern, laufendes Ringmartingal (bzw. ohne Martingal)

3 *Ausrüstung des Wanderreitpferdes*
Westernsattel (Sattel mit großer Auflagefläche) mit Vorderzeug, Westernsteigbügel, große Satteldecke, damit die Packtaschen nicht am Pferdekörper scheuern, zweiter Bauchgurt, damit der Sattel besser liegt, Packtaschen oder evtl. so genannte Banane hinter dem Sattel, Kopfstück ohne Sperrhalfter mit doppelt gebrochenem Gebiss, elastischer Bauchgurt

4 *Ausrüstung des Distanzpferdes*
Distanz-Trachtensattel mit extra großer Sattelauflage, Western-Sicherheitssteigbügel, elastischer Bauchgurt, Sitzauflage aus Schaffell, Vorderzeug, Einohrkopfstück mit doppelt gebrochenem Gebiss, Anbindehalfter mit Strick, Pulsmessgerät und Erste-Hilfe-Ausrüstung am Sattel

5 *Ausrüstung des Westernpferdes*
Westersattel mit Horn, Westernsteigbügel, großes Sattelpad, Einohrkopfstück mit doppelt gebrochenem Gebiss, offene Westernzügel

6 *Ausrüstung des Islandpferdes*
Gangpferdesattel mit langen Trachten, Sicherheitssteigbügel, Kurzgurt, Trense mit doppelt gebrochenem Gebiss, englisches Reithalfter

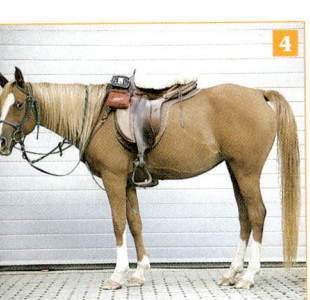  

Die richtige
Reitschule finden

Es gibt unzählige Reitschulen in Deutschland. Einige liegen mitten in der Stadt, andere sind außerhalb ländlich gelegen und oft nur mit dem PKW erreichbar. Die Größe der Anlage richtet sich nach der verfügbaren Fläche (in der Stadt ist dies meist weniger) und der Anzahl der dort lebenden Pferde. Meist sind neben den Schulpferden auch Privatpferde untergebracht.

Da nicht alle Reitschulen in jeder Hinsicht qualifiziert sind, ist es ratsam für Sie als Reitanfänger oder Eltern reitsportbegeisterter Kinder und Jugendliche, sich mit den Kriterien vertraut zu machen, die einen guten Reitbetrieb kennzeichnen, damit Sie „schwarze Schafe" erkennen und folglich meiden können. Dies ist aus mindestens vier Gründen wichtig:

• Für Ihre Sicherheit,
  denn nur qualifizierte Reitlehrer und gut ausgebildete wie artgerecht gehaltene Schulpferde können die Unfallgefahr für Sie oder Ihre Kinder auf ein Minimum reduzieren.
• Um Ihnen unnötige Zeit und vermeidbare Kosten zu sparen,
  denn mit nicht ausgebildeten Unterrichtserteilern und unzufriedenen oder nicht ausgebildeten Schulpferden kann Ihr Fortschritt nur langsam voranschreiten. Schlimmstenfalls lernen Sie sogar falsche Dinge, die Sie sich hinterher mühsam wieder abgewöhnen müssen.
• Für Ihren Spaß am Reiten,
  denn nur mit Erfolgserlebnissen macht ein Sport oder ein Hobby Spaß und motiviert für höhere Ziele.
• Aus moralischer Verpflichtung,
  denn wenn wir die Pferde als Sportpartner in unserer Welt haben möchten, müssen wir Ihnen zum Dank ein zufriedenes Leben gewähren und sie als Freunde betrachten und dementsprechend artgerecht halten und behandeln. Und je weniger Menschen unqualifizierte Reitanlagen besuchen, desto wahrscheinlicher ist es, dass es in Zukunft viel weniger unzufriedene Schulpferde gibt als heute.

Wenn Sie also bald auf die Suche nach einer Reitschule gehen, berücksichtigen Sie bitte diese 4 Punkte; für sich selbst und für die Schulpferde, ohne die Sie dieses schöne Hobby nicht erlernen könnten. Auch wenn dies bedeutet, ein paar Kilometer mehr zu fahren oder pro Stunde vielleicht einen Euro mehr zu bezahlen.

Wie Sie eine Reitschule/einen Reitverein in Ihrer Region finden

Es gibt mehrere Möglichkeiten, wie Sie eine Reitschule in Ihrer Umgebung finden, nämlich durch

- das Örtliche Telefonbuch, in Papierform oder im Internet,
- das Branchenbuch, in Papierform oder im Internet,
- das Pferdebranchenbuch (siehe „Internet-Links"),
- die Suchmaschinen im Internet,
- Freunde und Bekannte,
- Spazierfahrten in die Umgebung,
- Freizeitkarten (in der allerdings auch reine Privatställe verzeichnet sind) und
- das Verzeichnis von Betrieben und Vereinen der Deutschen Reiterlichen Vereinigung FN im Internet (www.fn-dokr.de/sport/betriebe-vereine/suche.asp). Sie haben hier die Möglichkeit, sich eine Liste der eingetragenen Betriebe und/oder Vereine nach Ort oder PLZ zu erstellen. Zusätzlich können Sie einschränken, ob diese Schulen eine eigene homepage haben oder von der FN oder staatlich anerkannt sind. Die Liste liefert Ihnen die komplette Anschrift mit Kommunikationsdaten sowie den Namen des Inhabers und, falls vorhanden, eine Verlinkung auf die jeweilige Seite. Also, ein komfortables Angebot.

Wenn Sie auf diese Weise einige Adressen gesammelt haben, rufen Sie am besten die Betriebe nacheinander an und fragen nach den Unterrichtszeiten. Es gibt meist bestimmte Tage für bestimmte Unterrichtsstunden wie Anfänger, Fortgeschrittene, Dressur, Springen, Kinder/Jugendliche usw. Jetzt können Sie sich die Anlagen, die Ausbilder und die Schulpferde persönlich ansehen und mit den Betreibern sprechen. Am besten wählen Sie für Ihren Besuch eine Zeit, zu der auch Anfängerunterricht stattfindet. So können Sie gleich prüfen, ob Sie sich dort wohl fühlen würden und was Sie für einen Eindruck vom Reitlehrer, den anderen Reitschülern, den Schulpferden und der gesamten Atmosphäre haben.

Wie Sie eine qualifizierte Reitanlage erkennen

Die Betreiber

Wenn Sie eine Reitschule anrufen oder persönlich auf dem Gelände erscheinen, sollten Sie freundlich und kompetent empfangen und beraten werden. Sie sind der Kunde und möchten genaue Informationen über die Leistungen, die Sie erhalten und die Sie schließlich auch bezahlen. Es ist selbstverständlich, dass Sie mehr Dinge wissen möchten als nur den Preis pro Reitstunde. Fragen Sie auf jeden Fall folgende Informationen ab:

- Wie sieht Ihr Ausbildungsprogramm für Anfänger aus (Longe, kleine Gruppen am Anfang)?
- Zu welchen Zeiten finden diese Stunden statt?
- Welche Ausbilder unterrichten? Welche Qualifikationen haben sie?

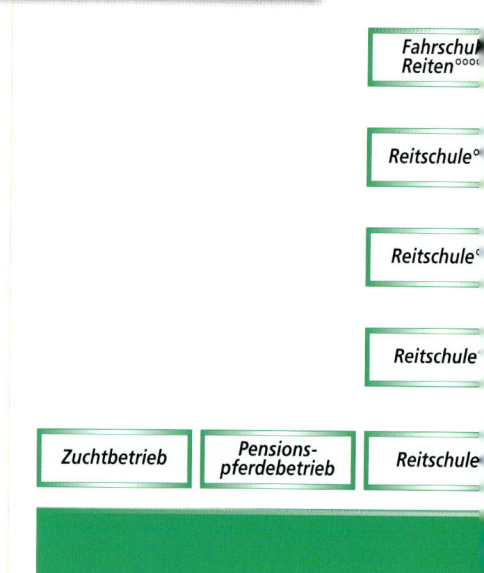

- Wie viele Schulpferde gibt es? Welche Rassen und Größen gibt es? (Gerade für Kinderunterricht ist es sehr wichtig, ob Ponys verfügbar sind.)
- Wie viele Stunden gehen die Schulpferde pro Tag, und erhalten Sie zusätzlichen Auslauf auf der Weide oder dem **Paddock**?
- Zeigen Sie mir bitte die Anlage? (Lassen Sie sich den Reitplatz / die Reithalle zeigen, die Pferdeställe, die Ausläufe, die sanitären Einrichtungen, das Reiterstübchen sowie die Sattelkammer und das Büro, in dem Sie Ihre Stunden buchen.)

Die Anlage

FN-Kennzeichnungen

Bei Ihrer Suche nach einer geeigneten Reitanlage können Sie sich sehr gut an den FN-Kennzeichnungen orientieren, die Ihnen nicht nur die Qualität des Betriebes anzeigen, sondern zusätzlich auch noch das Angebot offen legen. Beurteilt werden die Pferde, das Personal und die örtlichen Gegebenheiten. Die Schilder gelten jeweils für 3 Jahre, die Gültigkeitsdauer geht aus der Kennzeichnung hervor. Wenn sich die vorgeschriebenen Bedingungen des Betriebes geändert haben, kann das Schild wieder entzogen werden. Zur Zeit (Stand November 2002) sind folgende Betriebe in Deutschland gekennzeichnet: 146 Ferienbetriebe, 313 Reitschulen (84 mit °, 112 mit °°, 65 mit °°°, 45 mit °°°° und 7 Fach-

Fachschule Fahren°°°°°	Fachschule Voltigieren°°°°°	

| Reitschule ·sternreiten°°°° | | |

| Reitschule ·sternreiten°°° | Fahrschule°°° | Voltigierschule°°° |

| Reitschule ·esternreiten°° | Fahrschule°° | Voltigierschule°° | | | Turnierstall • Reiten • Westernreiten • Fahren |

| Reitschule ·esternreiten° | Fahrschule° | Voltigierschule° | Therapeutisches Reiten | Ferienbetrieb | |

Grundschild Pferdehaltung

schulen mit °°°°°), 25 Voltigierschulen (16 mit °, 3 mit °°, 4 mit °°° und 2 Fachschulen), 66 Fahrschulen (8 mit °, 24 mit °°, 30 mit °°° und 4 Fachschulen), 5 Western-Reitschulen und 4 Gangpferde-Reitschulen. Die Zahlen steigen stetig an.

- Es gibt ein Grundschild, das besagt, dass der Betrieb oder Verein unter anderem fachgerechte Pferdehaltung (mind. 2 Pferde) betreibt und der Leiter entsprechende Fachkenntnis besitzt.
- In der zweiten Zeile steht der Hauptschwerpunkt des Betriebes (Schule, Pensionsbetrieb, Ferienbetrieb, Zuchtbetrieb, Turnierstall)

- Darunter sind in der linken Spalte die Symbole für die Schwerpunkte aufgeführt (z.B. Schule), ein Schild kann max. 5 Schwerpunkte anzeigen.
- In der mittleren Spalte beschreiben Piktogramme den Schwerpunkt näher, und in der rechten Spalte sind die Schwerpunkte namentlich aufgeführt.

- Zusätzlich zeigen ein bis fünf Punkte auf den Schildern der Schulen das Ausbildungsniveau, von 1-5 aufsteigend.
  - Reitschule ° mind. 4 Schulpferde auf Niveau der Motivationsabzeichen, ein umzäunter Reitplatz oder eine Reithalle, Möglichkeit für Ausritte, der Leiter ist mind. Trainer C (siehe Abschnitt Reitlehrer), Durchführung von Lehrgängen und Prüfungen für die Motivationsabzeichen (Reitpass, Reiternadel, Hufeisen)
  - Reitschule °° mind. 4 Schulpferde auf Niveau des Deutschen Reitabzeichens (DRA) III, ein umzäunter Reitplatz und eine Reithalle, Möglichkeit für Ausritte, der Leiter ist mind. Trainer B (Reitwart) oder Bereiter, Durchführung von Lehrgängen und Prüfungen für die Deutschen Reitabzeichen (DRA) IV und III
  - Reitschule °°° mind. 4 Schulpferde auf Niveau des Deutschen Reitabzeichens (DRA) II, ein umzäunter Reitplatz und eine Reithalle sowie ein Hindernispark, Möglichkeit für Ausritte, Unterrichtsraum, der Leiter ist mind. Trainer A (Amateurreitlehrer) oder Bereiter, Durchführung von Lehrgängen und Prüfungen für das Deutsche Reitabzeichen (DRA) II
  - Reitschule °°°° mind. 4 Schulpferde auf Niveau des Deutschen Reitabzeichens (DRA) II, ein umzäunter Reitplatz (ca. 1200 qm) und eine Reithalle sowie ein Hindernispark, Möglichkeit für Ausritte, Unterrichtsraum, der Leiter ist mind. Pferdewirtschaftsmeister, Durchführung von Lehrgängen und Prüfungen für das Deutsche Reitabzeichen (DRA) II
  - Fachschule Reiten °°°°° mind. 10 Schulpferde, davon mind. 4 auf Niveau des Deutschen Reitabzeichens (DRA) I, ein umzäunter Reitplatz (ca. 1200 qm) und eine Reithalle (mind. 1200 qm) sowie ein Hindernispark und Gelände für vielseitige Ausbildung, Möglichkeit für Ausritte, Unterrichtsraum, Quartiere für Lehrgangteilnehmer und Aufsicht, sanitäre Anlagen, der Leiter ist mind. Pferdewirtschaftsmeister, Durchführung von Lehrgängen und Prüfungen für das Deutsche Reitabzeichen (DRA) I und für Ausbilder, Turnierfachleute o. Ä.

Es gibt auch geeignete Betriebe, die nicht gekennzeichnet sind. Bei der FN gehen so viele Anträge ein, dass Kennzeichnungen noch ausstehen, andere Betriebe haben die Vorteile der FN-Mitgliedschaft noch nicht erkannt. Also fahren Sie bitte nicht direkt zum nächsten Betrieb, wenn Sie kein Schild am Eingang sehen, sondern sehen Sie sich die Anlage an.

Hier eine kleine Checkliste für Ihre Beurteilung der Anlage:

✔ Macht die Anlage insgesamt einen sauberen, geordneten Eindruck – oder liegen überall im Weg Gerätschaften oder sonstige Dinge herum?

✔ Gibt es eine Reithalle? Bei unserem deutschen, unberechenbaren Wetter kann eine kontinuierliche Ausbildung ohne Halle nicht stattfinden. Wie ist der Reitboden beschaffen? Er sollte möglichst eben, trocken, sauber und staubfrei sein. Die Halle muss hell und luftig sein. Es ist auch schön, wenn es eine kleine Zuschauertribüne gibt.

✔ Gibt es Ausreitmöglichkeiten für die Ausbildung im Gelände? Sind diese erreichbar ohne Hindernisse wie Autobahnbrücken oder stark befahrene Straßen?

✔ Wie sind die Ausläufe für die Schulpferde beschaffen? Sauber, ordentlich eingezäunt, mit viel Platz und möglichst trockenem Boden sowie ohne Gefahrenquellen, z.B. tiefe Löcher oder Abfall?

✔ Wie sind die Pferdeunterkünfte beschaffen? Die Boxen sollten geräumig, hell und luftig sein, jedoch nicht zugig. Sehen Sie nach, ob die Einstreu sauber ist und den Boden gut bedeckt.

✔ Wie sieht die Sattelkammer aus? Gibt es für jedes Pferd eine eigene Ausrüstung (Sattel, Trense, Putzzeug)? Ist die Ausrüstung gepflegt und geordnet untergebracht?

✔ Gibt es ein Reiterstübchen für die Verpflegung und die netten Gespräche nach den Stunden, oder um sich im Winter aufzuwärmen? Wie sehen die sanitären Einrichtungen aus?

Die Schulpferde

Es ist von Vorteil, wenn es verschiedenartige Schulpferde gibt in Bezug auf Größe und Temperament. Es muss für jeden das passende Pferd dabei sein; kleine Menschen und Kinder/Jugendliche lernen besser auf kleinen Pferden, große und schwere Erwachsene und Jugendliche sollten größere Pferde reiten. Das Temperament des Pferdes muss für den Anfänger ruhig und gutmütig sein.

Ihre Checkliste für die Beurteilung der Schulpferde:

• Wie ist der Allgemeinzustand der Tiere? Sind Sie wohl genährt und die Hufe gepflegt? Sehen sie gesund aus (Kennzeichen unter anderem glänzendes glattes Fell, aufmerksames Ohrenspiel, wache aufmerksame klare Augen)?

• Wie ist ihr Wesen? Sind sie freundlich, gutmütig und ausgeglichen? Oder legen sie die Ohren an oder beißen und treten sie, z.B. beim Satteln.

• Wie ist ihre Ausbildung? Reagieren sie auf **Reiterhilfen**, sieht der Unterricht der Fortgeschrittenen geordnet aus?

• Bekommen sie regelmäßig die Möglichkeit, sich mit ihren Artgenossen auf der Weide oder dem **Paddock** zu entspannen?

Die Reitlehrer, der Unterricht

Bevor Sie eine Unterrichtsstunde buchen, erkundigen Sie sich auch nach den Reitlehrern und ihren Qualifikationen. Die Ausbildungsinhalte werden von der FN ausgearbeitet und sind einheitlich geregelt in der Ausbildungs- und Prüfungs-Ordnung (APO). Die Prüfungsvorbereitung und die Prüfungen selbst können nur in den Fachschulen Reiten °°°°° durchgeführt werden.

Es gibt 3 Lizenzstufen bei den Amateurausbildern des Deutschen Sportbundes, die jeweils für die Bereiche Reiten, Westernreiten, Fahren und Voltigieren erworben werden können. Voraussetzung für den Erwerb sind
- ein einwandfreies polizeiliches Führungszeugnis,
- ein absolvierter Erste-Hilfe-Kurs,
- die Vollendung des 18. Lebensjahres (bei B und A 19 bzw. 22),
- entsprechende Kenntnisse im Breiten- und Leistungssport sowie
- die Teilnahme an einem Vorbereitungslehrgang.
- Zusätzlich sind folgende Fähigkeiten nachzuweisen:
- Trainer C, Lizenzstufe 1:
  - Vermittlung einer vielseitigen Grundausbildung für Pferd und Reiter
  - Gestaltung von Unterrichtssequenzen
    Voraussetzungen für die Zulassung zur Prüfung sind u.a.:
  - DRA III
- Trainer B (Reitwart), Lizenzstufe 2, Nachweis folgender Fähigkeiten:
  - Ausbildungssystematik für Pferd und Reiter
  - Durchführung von strukturierten und situationsgerechten Unterrichtseinheiten
    Voraussetzungen für die Zulassung zur Prüfung sind u.a.:
  - bestandene Prüfung zum Trainer C und Nachweis einer mind. einjährigen Ausbildertätigkeit
- Trainer A (Amateurreitlehrer), Lizenzstufe 3, Nachweis folgender Fähigkeiten:
  - Ausarbeitung von Unterrichtskonzepten, deren Durchführung und teilweiser Delegation an andere Trainer
  - Planung, Überwachung und Korrektur der Ausbildung
    Voraussetzungen für die Zulassung zur Prüfung sind u.a.:
  - bestandene Prüfung zum Trainer B und Nachweis einer mind. einjährigen Ausbildertätigkeit als Trainer B sowie mind. 3 Jahre als Trainer A
  - DRA II

Details finden Sie auch unter www.reitanfaenger.de.

Zusätzlich gibt es noch die Berufsreiter und –ausbilder, die eine noch umfassendere und tief greifendere Ausbildung genossen haben. Aber für Sie als Anfänger sind keine großen Turniererfolge des Ausbilders wichtig, sondern seine Fähigkeit, Ihnen die Reitlehre einfach zu vermitteln.

Auch das Geschlecht des Ausbilders spielt im Prinzip keine Rolle, genauso wenig wie das Alter. Ein junger Ausbilder mag zwar noch wenig Erfahrung haben, kann aber dafür umso motivierter sein und viele neue Ideen haben. Ein älterer Ausbilder hat viel Erfahrung, ist aber möglicherweise nicht mehr so dynamisch und motiviert. Gehen Sie lieber nach anderen Dingen. Hier eine kleine Checkliste zur Beurteilung des Reitlehrers:

- Die Kleidung. Er/sie sollte korrekt und ordentlich gekleidet sein, möglichst in Reitausstattung.
- Die Persönlichkeit und Ausstrahlung. Ein Ausbilder erfüllt immer auch eine Vorbildfunktion. Er sollte freundlich, verständnisvoll, geduldig und ruhig sein und gleichzeitig sehr gut mit Menschen und Pferden umgehen können. Es ist sehr wichtig, dass Sie eine gute Beziehung zu Ihrem Ausbilder haben und ihn als Respektperson betrachten können. Die „Chemie" muss stimmen.
- Der Umgangston. Vor allem während des Unterrichts sollte er auch die genannten Charaktereigenschaften zeigen und einen angemessenen Ton bewahren anstatt nur herumzuschreien.
- Der Unterricht. Geht er in richtigem Maße auf seine Reitschüler ein? Gestaltet er den Unterricht abwechslungsreich? Erklärt er gut? Widmet er die volle Aufmerksamkeit seinen Reitschülern, oder unterhält er sich häufig am Bahnrand mit anderen Menschen, womöglich noch privat?

Wahrscheinlich finden Sie keinen Reitstall, der alle Kriterien zu vollster Zufriedenheit erfüllt. Aber Sie wissen jetzt, worauf es ankommt – den Rest bei der Auswahl Ihrer zukünftigen Reitschule wird ihr Gefühl übernehmen. Viel Glück für die richtige Wahl.

Kapitel 6

Die Ausrüstung
des Reiters

Jede Sportart hat ihre typische zweckmäßige Bekleidung, ebenso der Reitsport. Wenn Sie erst einmal hineinschnuppern möchten und nicht wissen, ob es Ihnen Spaß machen wird, dann ist nicht gleich eine komplette Ausrüstung notwendig, mit der natürlich auch immer entsprechende Kosten verbunden sind. Um bestimmte Gegenstände werden Sie allerdings nicht herumkommen, da sie für Ihre Sicherheit wesentlich sind. Achten Sie auf Sicherheit, Funktionalität, guten Sitz und Bequemlichkeit vor Mode und Marken. Glücklicherweise hat sich die Reitmode in den letzten Jahren sehr weit entwickelt, das eine muss das andere nicht mehr ausschließen. Auch sichere Reithelme z.B. können heutzutage chic aussehen.

In diesem Kapitel möchte ich Ihnen zeigen, was unbedingt zu Ihrer Erstausstattung gehören sollte, welche Produkte am Markt angeboten werden und wie Sie ein Reitsportgeschäft erkennen, das Sie kompetent berät.

Wenn Sie auf der Suche sind nach einem guten Reitsportgeschäft in Ihrer Nähe, können Sie zum einen in das altbewährte Branchen- oder auch Telefonbuch sehen oder auch die Suchmaschinen im Internet befragen. Vielleicht gibt es aber auch in Ihrem Freundeskreis Reiter, die Ihnen eine Empfehlung geben können. Schön wäre es natürlich, wenn sie Sie das erste Mal begleiten und beraten würden. Wenn Sie schon eine Reitschule gefunden haben, fragen Sie ruhig den Ausbilder oder die Reiter dort nach einem Tipp.

Es ist sehr wichtig, dass Sie bei Ihrem ersten Besuch in dem Reitsportgeschäft Ihrer Wahl erwähnen, dass Sie Reitsport-Anfänger sind und noch nicht die teuerste Mode erwerben möchten, bis Sie wissen, ob dieses Hobby Ihnen liegt. Der Verkäufer sollte Ihnen auch dann einiges anbieten können. Manchmal sind z.B. Reithosen günstiger, deren Farbe in dem jeweiligen Jahr nicht mehr „in" ist. Es gibt auch einige Reitsport-Versandhäuser, die gute Produkte zu fairen Preisen anbieten. Ich möchte Ihnen jedoch raten, sich gerade beim Erstkauf professionell und persönlich beraten zu lassen. Sie wissen jetzt noch nicht, welcher Helm Ihnen am bequemsten erscheint und welche Reithose Ihnen in welcher Größe gut passt. Wenn Sie Freude am Reitsport gefunden haben und Sie weitere Artikel benötigen, kennen Sie sich schon ein wenig aus in der Reitsportartikel-Landschaft und haben vielleicht auch schon mit einigen anderen Reitern Erfahrungen ausgetauscht. Dann können Sie auch selbstständiger stöbern.

● Reithelm

Da 1/4 aller Verletzungen im Reitsport den Kopf betreffen, ist ein gut sitzender Reithelm der wichtigste Teil Ihrer Reitausrüstung. Der Helm sollte bruch- und splitterfest sein und die DIN-Norm 1384 erfüllen. Die hauptsächlich verwendeten Materialien sind Kunststoff und Glasfiber. Die Riemen sollten an 3 oder 4 Punkten am Helm befestigt sein.

Ein schlecht sitzender Helm ist fast noch schlimmer, als gar keinen zu tragen. Er kann schon beim Reiten durch Wackeln irritieren oder fällt beim Sturz herunter. Schlimmstenfalls fügt er Ihnen beim Aufkommen auf dem Boden Verletzungen zu. Probieren Sie verschiedene Marken und Größen auf. Der Helm muss eng an ihrem Kopf anliegen, darf aber natürlich nicht drücken. Es gibt mittlerweile schon leichte Modelle, auch mit Lüftungsschlitzen versehen, die gerade im Sommer sehr angenehm zu tragen sind. Für Brillenträger lohnt es sich, mehrere Produkte zu vergleichen, damit man eins findet, das nicht an den Ohren drückt, dort wo sich die Brillenbügel befinden. Die Preise gehen bei ca. EUR 25,- los und enden bei ungefähr EUR 150,-.Da man die Inlets der Helme nicht waschen kann, sind die erhältlichen „Helm-Deo-Sprays" eine gute Anschaffung.

Auch wenn Sie auf der Suche nach der richtigen Reitschule viele Reiter ohne Helm sehen werden, lassen Sie sich nicht beirren und tragen Sie ihn. Einen Helm zu tragen hat nichts mit Nicht-Können zu tun, sondern mit kluger Vorsicht.

● Schuhwerk

Es ist nicht nötig, direkt teure Lederstiefel zu kaufen, auch wenn sie sehr professionell aussehen. Eine günstige und adäquate Alternative stellen Gummi-/PVC-Stiefel dar, die es bereits ab ca. EUR 35,- zu kaufen gibt. Der Nachteil ist, dass Sie, vor allem bei höheren Temperaturen, sehr darin schwitzen und dass der Schaft im Vergleich zum Lederstiefel meist kürzer ist. Beim Reiten kann es dann vorkommen, dass Sie am Sattelblatt hängen bleiben. Bei den Größen kommt es nicht nur auf die Schuhgröße an, sondern auch auf die Unterschenkellänge und den Wadenumfang.

Sie können auch einfache, feste Schuhe für den Anfang wählen. Diese sollten wegen des Haltes möglichst über die Knöchel reichen und eine durchgehende Sohle mit einem kleinen Absatz haben, um nicht durch die Steigbügel zu rutschen. Solche Schuhe können leicht mit so genannten Mini-Chaps oder Chapsletten für die Unterschenkel kombiniert werden, was zusätzlichen Halt gibt. Diese sind aus Leder und ab ca. EUR 35,- erhältlich.

Wenn Sie sich doch für Lederstiefel entscheiden, achten Sie darauf, dass Sie sich vor dem Kauf gut beraten lassen. Das Gefühl, das erste Mal Leder-Reitstiefel anzuhaben, ist schon merkwürdig, und es kostet etwas Überwindung, dem Rat des Fachmanns zu vertrauen. Auch hier werden die Größen wie bei den Gummistiefeln berechnet, zusätzlich gibt es Maßanfertigungen, die Sie erst einmal nur dann nehmen sollten, falls Ihnen kein normaler Stiefel passt, z.B. wegen einer extrem schlanken Wade. Natürlich sind die maßgeschneiderten Stiefel nur mit Aufpreis zu bekommen. Es ist darauf zu achten, dass der Schaft auf jeden Fall für die erste Zeit zu lang erscheint, denn mit dem Tragen setzt sich der Stiefel im Knöchelbereich ca. 2 cm, mal mehr und mal weniger. Die Innenseiten der Stiefel dürfen auch danach nicht so niedrig sein, dass Sie am Sattelblatt hängen bleiben können.

Es gibt verschiedene Lederarten, deren Qualität sich im Preis niederschlägt. Grundsätzlich haben Lederstiefel einen hohen Tragekomfort, sind atmungsaktiv und geben optimalen Halt sowie Schutz vor Beinverletzungen. Es gibt kunststoffbeschichtete Lederstiefel, die zwar sehr pflegeleicht sind, dafür aber nicht atmungsaktiv. Es gibt Stiefel aus Rindbox-Leder, die sehr strapazierfähig und langlebig sind sowie Boxcalf-/Kalbsleder-Stiefel, die sich durch Eleganz und Weichheit auszeichnen, dafür aber nicht so robust sind. Lederreitstiefel kann man bereits ab ca. EUR 150,- kaufen, nach oben hin sind wie immer keine Grenzen gesetzt. Ich persönlich rate Ihnen aber, Lederstiefel erst dann zu kaufen, wenn Sie sicher sind, dass Sie bei diesem Sport einige Zeit bleiben möchten.

● Hose

Natürlich kann man eigentlich in jeder Hose reiten, aber Jeans, Jogginghosen oder Leggins geben erstens keinen Halt, tragen so zu einem unsicheren Sitz bei und hinterlassen zweitens oft unangenehme Scheuer- und Druckstellen durch Nähte oder Falten. Zudem sind diese schlecht mit Gummistiefeln oder Chapsletten zu kombinieren. Es ist daher schon empfehlenswert, sich von Anfang an eine Reithose zuzulegen.

Diese gibt es in verschiedenen Materialien wie Cord, Baumwolle oder Elastikfasern, die sehr bequem zu tragen sind, und auch komplett aus Leder. Die letzte Variante ist für den Anfänger jedoch nicht zu empfehlen, da sie sehr teuer ist (ab ca. 180,- EUR). Die Hosen können ohne Leder-/Kunstlederbesatz sein, sie können diesen Besatz nur an der Knieinnenseite oder aber an der gesamten Reithosen-Innenseite haben. Es gibt sie im Taillenbereich gerade geschnitten, mit Bundfalten oder mit Hochbund. Das ist einfach eine Geschmackssache, wie bei den normalen Hosen auch. Wichtig ist aber, dass sie gut sitzt. Sie sollte eng anliegen, aber trotzdem genügend Freiheit gerade im Kniebereich bieten. Laufen Sie mit der Hose herum, gehen Sie mal in die Hocke, oder setzen Sie sich auf eines der meist in Reitsportgeschäften vorhandenen gesattelten Holzpferde.

Es gibt auch so genannte Jodhpur-Hosen, die insgesamt länger sind und zum Tragen über Halbstiefeletten konzipiert sind. Ich würde jedoch für den Anfang eine normale Reithose mit Besatz empfehlen, da diese sowohl mit Gummistiefeln als auch mit Chapsletten kombiniert werden kann und etwas mehr Halt gibt.

Reithosen gibt es ab ca. EUR 70,-. Bei Kindern ist natürlich wie bei allen Kleidungsstücken außer bei der Reitkappe darauf zu achten, dass Sie sie vielleicht eine Nummer größer kaufen, damit sie nicht allzu schnell rauswachsen. Die Bekleidung für Kinder ist nicht wesentlich preiswerter als für Erwachsene.

● **Oberteil**
Als Oberteil können Sie ein T-Shirt oder auch ein Sweat-Shirt tragen, Hauptsache es bietet genügend Bewegungsfreiheit und ist vom Material her angenehm zu tragen, und zwar auch dann noch, wenn Sie schwitzen. Es sollte nicht zu weit und lang sein, sondern am Körper anliegen, damit der Ausbilder die Haltung Ihres Oberkörpers beurteilen kann. Hierfür sind besonders Reitwesten geeignet, die man zusätzlich über dem Oberteil trägt, und die es in verschiedenen Formen und Materialien gibt.

● **Handschuhe**
Das Tragen von Reithandschuhen ist nicht unbedingt erforderlich, verhindert jedoch das Rutschen der Zügel durch die Finger und lästige Blasen zwischen Ring- und kleinem Finger. Auf das Tragen von Ringen verzichten Sie lieber aus denselben Gründen. Handschuhe gibt es aus Strick mit Gumminoppen; aus Baumwolle, Fleece, Neopren oder anderem Stoff mit Fingerverstärkung aus Stoff oder Leder, aber auch komplett aus Leder. Wählen Sie nach gutem Sitz und Temperatur/Jahreszeit. Strickhandschuhe erhalten Sie bereits ab EUR 5,- (meist in Einheitsgröße), Lederhandschuhe kosten ab ca. EUR 20,-.

● **Wirbelsäulen-Protektoren**
Zusätzlich kann man zum Schutz der Wirbelsäule bei einem eventuellen Sturz einen Rückenprotektor tragen. Dies ist besonders für Kinder und Jugendliche zu empfehlen. Auch hier gibt es verschiedene Modelle, lassen Sie sich von Ihrem Fachhändler beraten. Die Kosten starten hier bei ca. EUR 50,- für Kinder-Protektoren.

● **Unterwäsche**
Bei der Unterwäsche ist zu beachten, dass sie auf jeden Fall bequem sitzt. Sie können auch Sportunterwäsche kaufen, die besonders leicht, glatt und schweißaufsaugend ist. Und noch ein Tipp für die Damen: Spitzenunterwäsche sieht zwar nett aus, ist aber unter einer Reithose alles andere als bequem. Tragen Sie lieber einfache und glatte Wäsche und einen Sport-BH. Der bietet Halt und schont das Bindegewebe.

Empfohlene Ausrüstung für den Reiter

Sporen gehören nicht zu Ihrer Erstausstattung. Eine Gerte müssen Sie nicht direkt kaufen, meist können Sie eine in der Reitschule leihen, falls sie benötigt wird. Für Ihre Longenstunden brauchen Sie eh noch keine.

Viel Spaß beim Einkaufen!

Kapitel 7

Die Ausbildungsstufen des Reiters

Reiten lernen – was bedeutet das?

Reiten lernen ist ein langer, nie wirklich abgeschlossener Weg mit dem Ziel der harmonischen Verständigung und Bewegung mit dem Pferd. Sie werden auf diesem Weg mit Sicherheit viel Freude und Begeisterung, aber auch – und das gerade am Anfang Ihrer Ausbildung – Zweifel und Frust erleben, wie bei allen Dingen, die man neu erlernt. Kinder oder Jugendliche gehen mit diesem Gefühl des (Noch)-Nicht-Beherrschens jedoch wesentlich leichter um als Erwachsene, die mit beiden Beinen im Berufsleben stehen und immer alles „im Griff" haben. Ich kann Ihnen jedoch versprechen, dass es sich lohnen wird, also – geben Sie bitte nicht zu schnell auf.

Zuerst definiere ich einmal, was Reitenlernen überhaupt bedeutet. Es beinhaltet
- das Kennenlernen des neuen Sportpartners Pferd (sein Wesen, sein Verhalten etc.),
- das Erlernen der „Sprache" der Pferde,
- das Aneignen von Wissen rund um die Pferde, den Umgang mit ihnen und den Reitsport allgemein,
- die Umsetzung der theoretischen Kenntnisse in die Praxis,
- das Lernen, sich den Bewegungen des Pferdes anzupassen,
- die Entwicklung des Gefühls für die Bewegungen und das Verhalten der Pferde,
- das Erlernen der Lektionen und der Technik mit steigendem Schwierigkeitsgrad,
- und natürlich oft auch das gesellige Beisammensitzen mit anderen Reitschülern oder dem Ausbilder nach der Stunde.

Wie Sie sehen, macht das eigentliche Reiten auf dem Pferd nur einen Teil der Ausbildung aus, das gesamte „Drumherum" ist hier mindestens genauso wichtig.

Früher oder später werden Sie an den Punkt kommen, an dem Sie Ihren Ausbilder fragen, wie lange Sie eigentlich brauchen, um sagen zu können: Ich kann reiten. Diese Frage wird Ihnen kein Ausbilder beantworten können, er kann jedoch eine vorsichtige Schätzung abgeben, die sich nach verschiedenen Kriterien richtet, z.B. nach Ihrem Talent, Ihren sonstigen sportlichen Erfahrungen, der Häufigkeit Ihrer Reitstunden und natürlich auch nach Ihren Zielen. Wenn Sie vielleicht zu Beginn langsamer vorankommen als andere aus Ihrer Gruppe, bedeutet das auf keinen Fall, dass Sie ein schlechterer Reiter sind oder werden. Um Ihnen eine ungefähre Größenordnung zu geben, kann man grob sagen, dass Sie bei gutem Unterricht 1 bis 2-mal die Woche auf geeigneten Schulpferden nach ca. einem halben Jahr so weit sein können, dass Sie sich auf dem Pferd in den verschiedenen Gangarten in grober Balance halten können und die Grundzüge der Einwirkung und Hilfengebung verstehen. Nach einem weiteren halben bis ganzen Jahr können Sie mit Ihrer Grundausbildung so weit sein, dass Sie sich zu den fortgeschrittenen Anfängern zählen können. Auf die einzelnen Ausbildungsstufen gehe ich in den folgenden Absätzen im Detail ein. Der Prozess des Reitenlernens ist jedoch nie wirklich abgeschlossen.

Noch kurz ein paar grundsätzliche Dinge: Hören Sie auf Ihren Ausbilder, er hat die Erfahrung und kann Ihre Leistung am besten einschätzen. Versuchen Sie nicht alles rein kopfmäßig zu verstehen, sondern verlassen Sie sich gerade bei den Bewegungen auf dem Pferd auch mal auf Ihr Gefühl. Erwachsene neigen dazu, alles analysieren zu wollen. Weil Kinder und Jugendliche mehr nach Gefühl handeln, haben sie es leichter und kommen schneller voran. Seien Sie geduldig. Es ist wichtig, dass Sie unabhängig von Ihrem Ziel im Reitsport eine solide und vielseitige Grundausbildung auf gut ausgebildeten Pferden erhalten – und das braucht seine Zeit. Ebenso wichtig ist, dass Sie zu Beginn keine zu hohen Ansprüche an sich stellen.

Die ersten Reitstunden an der Longe

Sitzschulung an der Longe

Ihre ersten Reitstunden werden Sie an der Longe absolvieren. Hierbei sitzen Sie auf einem Pferd, das vom Reitlehrer an einer langen Leine, der Longe, auf einem ca. 10 m großen Zirkel bewegt wird. So erhalten Sie die Sicherheit für Ihre ersten Minuten und Stunden auf dem Pferd, denn Gangart, Tempo und Richtung werden vom Ausbilder bestimmt. So können Sie sich voll und ganz auf die Bewegungsabläufe und Ihren Sitz konzentrieren. Kinder oder besonders vorsichtige/ängstliche Menschen kann der Ausbilder auch erst einmal führen, um so das Vertrauen zu ihm sowie dem Pferd und seinen Bewegungen zu erlangen.

Longenstunden haben Schritt für Schritt folgende Lernziele:
- die Gewöhnung an den Verlust des „festen Bodens unter den Füßen"
- das Vertrautwerden mit den Bewegungen des Pferdes, im Schritt, Trab und Galopp
- das Folgen dieser Bewegungen und die Balance
- Kenntnisse über den Dressursitz des Reiters
- das Erlernen der Hilfengebung für Gangart-, Richtungs- und Tempowechsel
- das Lernen der korrekten Zügelhaltung ohne Festhalten

Wie viele Longenstunden Sie benötigen, bevor Sie das erste Mal an einer Gruppenstunde teilnehmen können, lässt sich natürlich nicht voraussagen. Es können 5, aber auch 15 sein. Je sicherer Sie sich an der Longe fühlen, desto sicherer werden Sie sich auch in der Gruppe fühlen. Ihr Ausbilder wird Ihnen den richtigen Zeitpunkt mitteilen. Es ist keine Schande, mehr Longenstunden zu benötigen, es kommt nur Ihrem Sitz zugute. Je mehr Fehler sich zu Beginn einschleichen und festigen, desto schwieriger fällt es Ihnen im Verlauf Ihrer Ausbildung, diese wieder loszuwerden. Auch nach dem Anfangsstadium verbessern Longenstunden immer wieder den Sitz. Selbst Reiter in den höchsten Klassen bedienen sich dieses Ausbildungsmittels.

Wenn Sie die oben genannten Lernziele in den Grundzügen beherrschen, ist es Zeit für Ihre erste Reitstunde in der Gruppe.

Die ersten Reitstunden in der Gruppe

Die ersten Stunden ohne das sichere Gefühl, durch den Ausbilder und die Longe geführt zu werden, sind wieder ein kleiner Neuanfang. Zum einen, weil Sie sich eine Ausbildungsstufe nach oben gearbeitet haben, zum anderen, weil es ein ganz anderes Gefühl ist, selbstständig durch die Halle zu reiten. Auf einmal können Sie sich nicht mehr nur auf sich selbst und Ihr Pferd konzentrieren, Sie müssen auch gleichzeitig die anderen Reiter im Auge behalten und die **Bahnregeln** („Verkehrsregeln" in der Reitbahn) lernen. Durch diese Konzentrationsteilung kann es sein, dass Sie sich weniger gut auf dem Pferd halten und Ihre Bewegungen unkoordinierter werden als an der Longe. Dieser kurzfristige Rückschritt ist

Reitstunde in der Abteilung. Hier wird das Reiten einer einfachen Schlangenlinie mit Hilfe von Kegeln geübt.

normal und wird vergehen, sobald Sie sich an die neue Situation gewöhnt haben, die mehr Anforderungen an Sie stellt, als Sie es von der Longe her kennen. Auch werden Sie feststellen, dass Schulpferde es sehr gut gelernt haben, erst dann auf Ihre Hilfen zu reagieren, wenn diese korrekt, konsequent und energisch gegeben werden. Verzweifeln Sie nicht, wenn Sie und Ihr Pferd sich am Anfang einige Zeit in der Hallenmitte aufhalten, weil es sich einfach nicht bewegen möchte, oder wenn es sich in die entgegengesetzte Richtung als gewünscht bewegt. Haben Sie Geduld – die nächste Ausbildungsstufe wartet schon auf Sie.

Ihre ersten Ziele in den Gruppenstunden sind:
* den Bewegungen des Pferdes im Schritt, Trab und Galopp zu folgen
* die Weiterentwicklung der Balance in den Bewegungen
* das Erlernen der selbstständigen Hilfengebung für Gangart-, Richtungs- und Tempowechsel, gemeinsam mit der Abteilung (das bedeutet, dass alle Pferde mit einem Sicherheitsabstand hintereinander hergehen)
* sich gegenüber dem Pferd durchzusetzen
* das Erlernen der **Bahnregeln**
* das Reiten von einfachen **Hufschlagfiguren** mit der Abteilung

Diese Ziele zu erreichen, wird einige Zeit dauern und Sie viel Geduld und Arbeit kosten. Hier wird der Grundstein für Ihre weitere Ausbildung gelegt. Je mehr Zeit Sie sich in dieser Phase geben, desto sicherer und schneller werden Sie in den weiteren Ausbildungsphasen vorankommen. Wenn Sie die oben genannten Lernziele grob beherrschen, wird die Verfeinerung der gelernten Dinge zum Inhalt. Wahrscheinlich wird Ihr Ausbilder Sie in diesem Stadium auch einmal auf ein anderes Pferd setzen. Da jedes Pferd einen anderen Charakter und ein anderes Wesen hat, reagiert es auch anders. Zudem hat es andere Bewegungen, ist anders zu sitzen. Auch hieran müssen Sie sich erst gewöhnen und sich etwas Zeit dafür nehmen, weil es für Ihren weiteren Fortschritt hilfreich und notwendig ist.

Die Reihenfolge der Lerninhalte ist variabel und von Ausbilder zu Ausbilder verschieden. Das Erlernen des leichten Sitzes und das Überwinden kleiner Gymnastikreihen fördern die allgemeine Sattelfestigkeit und das Balance-Gefühl. Auch richtet sich die Reihenfolge der Lerninhalte nach Ihnen, Ihrem Talent und dem Fortschritt, den Sie machen. Dieser hängt wiederum unter anderem von der Häufigkeit der Reitstunden ab, die Sie nehmen – und auch von Ihrem Einsatz.

Nach oben hin sind bei den Lernzielen keine Grenzen gesetzt. Aber wenn Sie diese Basisdinge beherrschen, sind Sie wieder eine Stufe weitergekommen – und vielleicht bekommen Sie bereits hier die Gelegenheit zu Ihrem ersten Ausritt.

Der erste Ausritt

Für viele ist das Ausreiten im Gelände das Motiv, mit dem Reiten zu beginnen. Mit Recht, denn das Reiten in der freien Natur ist eine Freude und bietet eine hervorragende Abwechslung zum Reiten in der Halle oder auf dem Reitplatz – für Reiter und Pferde. Im Gelände können sich Pferde jedoch anders verhalten als auf dem gewohnten Reitschul-Terrain. Ihre Instinkte und Urtriebe werden wach, dadurch werden sie in der Regel lebhafter, auch kann der Galopp schon einmal etwas schneller ausfallen als in der Reitstunde. Zudem fehlen die begrenzenden Hallenwände oder die Zäune des Reitplatzes, d.h. wenn ein Pferd mal den Wunsch zum Rennen verspüren sollte, kann es sich sehr weit von der Gruppe

Das Galoppieren in der Gruppe erfordert schon viel Übung, macht aber riesigen Spaß.

entfernen und ist schwieriger zu kontrollieren. Aus diesen Gründen ist es unumgänglich für Ihre eigene Sicherheit, dass Sie erst dann an einem Ausritt teilnehmen, wenn Sie reiterlich so weit sind. Sie müssen unbedingt in allen 3 Gangarten sattelfest sein, d.h. auch mal einen kleinen Bocksprung aussitzen können, das Leichttraben, den leichten Sitz und die Hilfengebung beherrschen und vor allem angstfrei sein. Sie sollten sich hier auf die Einschätzung Ihres Ausbilders verlassen. Es ist enorm wichtig, bei Ihren ersten Ausritten von einem erfahrenen Ausbilder begleitet/geführt zu werden und auf einem erfahrenen, ruhigen Pferd zu sitzen. Häufig werden ruhige Einsteiger-Ausritte angeboten. Die ersten Ausritte werden Ihr Herz höher schlagen lassen, die Mühe hat sich bereits hier gelohnt.

Ein kleiner Ausblick

Egal, mit welchem Ziel Sie Ihre ersten Reitstunden gebucht haben; irgendwann kommt der Punkt, an dem Sie sich einige Fragen stellen werden. Zum Beispiel wie das Pferd unter Ihnen wohl zu reiten wäre, wenn es keine **Hilfszügel** tragen würde. Oder wie die fortgeschrittenen Reiter es fertig bringen, die Pferde auch ohne **Hilfszügel** in so wunderschöner Halshaltung, mit schwingendem Rücken und mit fast unsichtbaren Hilfen zu reiten. Oder auch, wie dieselben Reiter so beeindruckende und punktgenaue Lektionen reiten können. Und mit Sicherheit auch, warum diese Reiter nach der Stunde mit einem Lächeln absteigen und max. nur 1/3 so viel geschwitzt haben wie Sie. Vielleicht fragen Sie sich auch insgeheim, ob Sie jemals so gut reiten werden wie z.B. Isabell Werth oder Ludger Beerbaum.

Wenn Sie sich voll Bewunderung und Ehrfurcht diese Reiter ansehen, bedenken Sie bitte eines: Die Top-Reiter und –Reiterinnen und auch die außergewöhnlich guten Reiter in Ihrer Reitschule konnten wahrscheinlich eher reiten als laufen und sitzen täglich mehrere Stunden im Sattel entsprechend gut ausgebildeter Pferde unter Anleitung ebenso guter Trainer. Sie können nur so gut werden, wie es Ihre Möglichkeiten zulassen, wenn Sie vielleicht 1 bis 2-mal die Woche nach der Arbeit Reitstunden nehmen. Sie allein stecken sich Ihre Ziele, und es spielt keine Rolle, ob Sie für das Erreichen dieses Ziels 6 Monate oder 2 Jahre benötigen. Sprechen Sie mit Ihrem Ausbilder über Ihre Ziele, damit er die Unterrichtseinheiten entsprechend planen kann. Und arbeiten Sie geduldig an sich, Ihrem Reitstil und Ihrem Sitz. Dann werden Sie es schaffen!

An dieser Stelle möchte ich Ihnen ein Buch ans Herz legen, das mich in meinen Anfängerzeiten sehr erheitert und aufgemuntert hat, da ich mich so verstanden fühlte. Lesen Sie „So verdient man sich die Sporen" von Horst Stern, ein mit sehr viel Herz und Humor geschriebenes Buch über den „Leidensweg" eines Reitanfängers. Sie werden sich wie ich damals auf sehr vielen Seiten wiedererkennen.

Kapitel 8

Mögliche Ziele
im Reitsport

Es gibt im Reitsport viele Motive, sich für das Reitenlernen zu interessieren. Ich möchte die am häufigsten genannten hier kurz ansprechen – und Ihnen damit noch weitere Anregungen und Ideen geben.

Reiten „just for fun"

Vielleicht gehören Sie zu den Menschen, die einfach nur Spaß am Umgang mit Pferden haben und für die der Geruch von Heu, das Schnauben der Pferde und/oder eine Stunde Reiten nach einem Arbeitstag die beste Entspannung dar-

stellen. Dann sind Sie in guter Gesellschaft. Sie müssen kein bestimmtes Ziel vor Augen haben, wenn Sie Reiten lernen möchten. Das einzige Muss-Ziel ist die bereits erwähnte reiterliche und theoretische Grundausbildung. Es gibt viele Menschen, die glücklich damit sind, regelmäßig in ihrer Reitschule Unterricht zu nehmen und anschließend im Reiterstübchen gemütlich mit den Mitreitern zusammenzusitzen und der nächsten Reitstunde zuzusehen. Und vielleicht bekommen Sie ja mit der Zeit doch Lust auf mehr.

Reiten in der Natur

Es ist schon herrlich, an einem wunderschönen Frühlingstag durch die Natur zu spazieren, aber ein Ausritt kann bei Pferdefreunden noch mehr Glückshormone freisetzen. Ausritte werden in den wettergünstigen Monaten in den Reitschulen häufig für Anfänger und Fortgeschrittene angeboten, wenn das entsprechende Gelände und Reitwegenetz vorhanden ist. Auf die reiterlichen Voraussetzungen bin ich ja bereits im vorigen Kapitel eingegangen.

Auch an vielen Urlaubsorten gibt es Reitställe mit der Möglichkeit, an geführten Ausritten teilzunehmen. Beschreiben Sie Ihre Reiterfahrungen eher zu niedrig als zu hoch, damit Sie Spaß am Ausritt haben können und nicht in Gefahr geraten, ein Pferd zugeteilt zu bekommen, dem Sie nicht gewachsen sind. Oft möchte der Ausbilder Sie auch vorab in der Reitbahn sehen, um das passende Pferd für das Gelände zu wählen. Denken Sie daran, dass „Ihr" Ausbilder Sie regelmäßig reiten sieht, fremde Reitlehrer müssen Ihr Können in kurzen Augenblicken beurteilen. Auf keinen Fall sollten Sie Reitställen vertrauen, bei denen man Pferde ohne Begleitung mieten kann. Sie kennen weder das Pferd noch das Gelände – da kann der Ausritt leicht gefährlich werden.

Wenn Sie einen Partner haben, der eigentlich nichts mit Pferden zu tun hat (meist ja eher die Männer), führt dies oft zu Streit über die Zeit, die man im Stall

verbringt. Aber vielleicht gelingt es Ihnen ja, ihn (oder sie) bei einem herrlichen Spaziergang davon zu überzeugen, dass ein Ausritt zu zweit mindestens genauso schön ist. Das wäre ein Einstieg, dieses schöne Hobby zu teilen.

Reiterferien

Es gibt sehr viele Anbieter von Reiterferien, sowohl im In- als auch im Ausland. Die Angebote variieren zwischen ein- oder mehrstündigen sowie mehrtägigen Ausritten, Schnupperkursen für Anfänger, Reitstunden für Fortgeschrittene oder auch verschiedenen Abzeichenkursen mit anschließender Prüfung. Die Auswahl Ihres Ferienortes sollten Sie nicht nur nach der Region treffen, sondern Sie sollten auch unbedingt auf die fachliche Qualität der Ausbildung, auf artgerechte Pferdehaltung sowie natürlich auf Ihre Unterkunft achten. Hier gelten dieselben Kriterien wie bei der Auswahl der geeigneten Reitschule[10]. Auch hier gibt es Kennzeichnungen, die Ihnen bei der Entscheidung helfen, zum einen die bereits in Kapitel 5 vorgestellten FN-Kennzeichnungen, zum anderen die Prüfsiegel der Deutschen Landwirtschaftsgesellschaft DLG. Die FN hat ein Verzeichnis der FN-anerkannten und DLG-geprüften Pferdebetriebe herausgebracht, das Sie unbedingt zu Rate ziehen sollten, wenn Sie einen Urlaub auf einem deutschen Reiterhof planen[11]. Wenn Sie sich eine Anlage in erreichbarer Nähe aussuchen, kann ein zusätzlicher Besuch vorab auch nicht schaden. Achten Sie auch auf die zusätzlichen Freizeitmöglichkeiten in der Umgebung, gerade wenn Sie mit nicht reitendem Partner dorthin möchten. Denken Sie an den Haussegen. Dieser Punkt ist aber auch für Eltern wichtig, die Ihr Kind in die Reitferien begleiten.

Der Reiz an Reiterferien: man verbringt viel Zeit in engem Kontakt mit den Pferden, beim Umgang und beim Reiten

[10] Lesen Sie hierzu auch Kapitel 5 „Die richtige Reitschule finden"
[11] Details siehe „Literaturempfehlungen"

Auch hier werden Sie vorab nach Ihren reiterlichen Erfahrungen gefragt, und es gilt derselbe Grundsatz wie bei den Ausritten: Stufen Sie Ihr Können lieber zu niedrig als zu hoch ein. Für einen Anfänger ist es nicht empfehlenswert, direkt frisch aus den ersten Gruppenstunden kommend, mehrere Stunden pro Tag im Sattel zu sitzen. Ihre Muskeln werden Sie dies lange und deutlich spüren lassen.

Vielleicht ist es aber auch Ihr Ziel, an einem der im Ausland zahlreich angebotenen Wanderritte teilzunehmen. Diese werden nach verschiedenen Schwierigkeitsgraden eingeteilt, je nach Stunden im Sattel pro Tag, Schwierigkeit des Geländes und Temperament der Pferde. Gerade bei so einem Vorhaben ist es wichtig, Ihr Können und Ihre Kondition realistisch einzuschätzen. Bei der Auswahl können Ihnen keine Kennzeichen behilflich sein, jedoch gibt es verschiedene deutsche Reise-Anbieter, die die Programme vor der Aufnahme in ihr Verzeichnis selbst testen.

Pflegepferd

Ein Pflegepferd zu haben bedeutet, sich um das Pferd einer anderen Person in vereinbartem Rahmen zu kümmern, z.B. putzen, longieren, Ausrüstung in Ordnung halten etc. Oft wird Kindern und Jugendlichen in der Reitschule die Möglichkeit gegeben, sich um die Schulpferde und deren Ausrüstung zu kümmern, und im Gegenzug erhalten sie regelmäßig Reitstunden mit diesem Pferd/Pony oder können an einem Ausritt teilnehmen. Es ist eine schöne erste Möglichkeit, sich mit dem Wesen eines Pferdes vertraut zu machen, man muss allerdings auch schon ein Maß an Wissen vorweisen können, denn man trägt bereits eine gewisse Verantwortung.

Das Putzen und aufmerksame Untersuchen des Pferdes auf mögliche Verletzungen gehört zu den wichtigsten Aufgaben, wenn man ein Pflegepferd hat.

Wenn sich mehrere Personen um ein Pferd kümmern, sind detaillierte Absprachen in Bezug auf Aufgabenteilung und Anwesenheitszeiten sehr wichtig.

Reitbeteiligung

Eine Reitbeteiligung zu haben bedeutet, das Pferd einer anderen Person zu vereinbarten Zeiten gegen Kostenbeteiligung zu pflegen und zu reiten. Dies ist eine gute Alternative, wenn man nicht mehr nur auf Schulpferden reiten und das Hobby intensivieren möchte. Man sollte auf jeden Fall einen Vertrag mit dem Besitzer des Pferdes machen und prüfen, ob man sich persönlich gut miteinander versteht. Am wichtigsten ist es naturlich, dass das Pferd zum eigenen Wesen und dem Ausbildungsstand passt. Gerade wenn man in seiner „Reiterlaufbahn" noch nicht so weit gekommen ist, sollte man trotzdem weiter Unterricht nehmen, entweder in der Gruppe oder auch einzeln. Dies ist mit Privatpferden in Reitschulen erheblich preisgünstiger als mit Schulpferden.

Das eigene Pferd

Ein eigenes Pferd zu besitzen ist für viele Mädchen und Frauen der größte Wunsch. Es ist wirklich ein tolles Gefühl voller Stolz und Liebe. Dennoch sollte man sich im Klaren darüber sein, dass man auch eine Menge Opfer bringen muss, wie z.B. die hohen und zum Teil unkalkulierbaren Kosten (Anschaffung, Unterbringung, Ausrüstung, Ausbildung, Schmied, Tierarzt etc.), der enor-

Zu einem eigenen Pferd bekommt man einen viel intensiveren Kontakt als zu einem Schulpferd, weil man es nicht mit so vielen Menschen teilen und sich wesentlich mehr um es kümmern muss.

me Zeitaufwand sowie die Gebundenheit bei Urlaub o.Ä. Als Pferdebesitzer hat man eine große Verantwortung und muss noch mehr wissen, daher sollte man sich diesen Schritt sehr gut überlegen und auch für Jahre im Voraus denken, denn bei beruflicher oder privater Veränderung ist das Pferd trotzdem weiter korrekt zu versorgen.

Abzeichen im Pferdesport

Motivations-abzeichen		Abzeichen Geländereiten, -fahren					Deutsche Abzeichen				
							DRA in Gold	WRA in Gold	DFA in Gold		DVA in Gold
Großes Hufeisen Reiten/Voltigieren	Hufeisen Westernreiten			Distanz-reiten Stufe 3			DRA I		DFA I		DVA I
		Wander-reiten Stufe 2	Jagd-reiten Stufe 2	Distanz-reiten Stufe 2	Wander-fahren Stufe 2	Distanz-fahren Stufe 2	DRA II	WRA II	DFA II		DVA II
Kombiniertes Hufeisen	Kombinierte Reiternadel	Wander-reiten Stufe 1	Jagd-reiten Stufe 1	Distanz-reiten Stufe 1	Wander-fahren Stufe 1	Distanz-fahren Stufe 1	DRA III	WRA III	DFA III	DLA III	DVA III
Kleines Hufeisen Reiten/Voltigieren	Reiternadel	Deutscher Reitpass			Deutscher Fahrpass		DRA IV		DFA IV	DLA IV	DVA IV
Basispass Pferdekunde		Basispass Pferdekunde									

* Die Abzeichen des IPZV sind in der IPO geregelt.
* Die Abzeichen der IGV sind im Anhang zur APO geregelt.

Sie können verschiedene Abzeichen mit unterschiedlichen Zielsetzungen und Inhalten erwerben, die Ihnen ein bestimmtes praktisches Können und theoretisches Wissen in dem gewählten Gebiet bestätigen. Die obige Grafik soll Ihnen einen Überblick geben, ohne dass ich auf jedes einzelne Abzeichen im Einzelnen eingehe. Dies würde über das Ziel dieses Buches hinausgehen. Zu allen Abzeichen sind bei der FN detaillierte Merkblätter erhältlich (Link unter www.reitanfaenger.de erhältlich).

Es wird unterschieden zwischen
* Motivationsabzeichen, die – wie der Name schon sagt – der reinen Motivation des Reiters dienen und nichts mit Turnierteilnahmen o.Ä. zu tun haben (z.B. Hufeisen, Reiternadel);
* Abzeichen Geländereiten, -fahren, die dem Reiter das notwendige Wissen für Ausritte, Distanz- und Wanderritte und –fahrten bestätigen (z.B. Deutscher Reitpass);
* Deutschen Abzeichen, die als Leistungsabzeichen die Voraussetzung für Turnierteilnahmen und Ausbildung im Pferdesport darstellen. Die Anforderungen werden von Klasse zu Klasse immer höher, mit dem Erwerb jeden Abzeichens hat man unterschiedliche Möglichkeiten.

Allen Leistungsabzeichen ebenso den Abzeichen Geländereitern und -fahren ist der Basispass Pferdekunde vorgeschaltet, der keine reiterlichen Fertigkeiten, sondern rein theoretische und praktische Kenntnisse im Umgang mit dem Pferd zum Inhalt hat. Er ist daher ebenfalls für nicht reitende Eltern oder Partner hervorragend geeignet. Und wer weiß, vielleicht finden sie so auch Gefallen an mehr.

Diese Abzeichen haben in ganz Deutschland dieselben Inhalte, was bedeutet, dass man Ihr Wissen und Können (z.B. vor einem Reiterurlaub oder bei der Anfrage bez. einer Reitbeteiligung) sofort ungefähr einschätzen kann.

Turnierteilnahme

Auch wenn es nicht von Beginn der ersten Reitstunde an geplant war, bekommen doch sehr viele Menschen Lust an Turnierteilnahmen, die vielleicht auch über das einmal im Jahr stattfindende Haus- und Hofturnier am eigenen Stall hinausgehen. Wie schon erwähnt, ist der Turniersport in den einzelnen Disziplinen in die 5 Klassen E, A, L, M und S eingeteilt – wobei E die einfachste Stufe darstellt. Ab Klasse A sind die oben genannten Deutschen Reitabzeichen die Voraussetzung für Ihren ersten Start. Mit steigender Anforderung werden auch höhere Reitabzeichen verlangt, wenn nicht bereits Turniererfolge den Aufstieg in die höhere Leistungsklasse ermöglicht haben. Auch diese Details würden den Rahmen dieses Buches sprengen, können jedoch ebenfalls in den Merkblättern der FN nachgelesen werden. Was bewertet wird, ist im Kapitel 1 unter den Disziplinen in den Grundzügen erklärt.

Ein Turnierstart muss gut vorbereitet werden und erfordert volle Konzentration.

Fachausdrücke aus diesem Buch

Bahnregeln (Seite 47, 65, 67)
„Verkehrs"-Regeln für das Reiten in Reithallen oder auf –plätzen, um Unfälle zu vermeiden.

Exterieur (Seite 28)
Das äußere Erscheinungsbild des Pferdes.

Gymnastizierung (Seite 15)
Aufeinander aufbauende, systematische Ausbildung des Pferdes in Gelenkigkeit, Kraft und Lektionen, um die geforderten Leistungen schonend ausführen zu können.

Hilfszügel (Seite 46, 68)
Verschiedene Arten von Hilfszügeln veranlassen das Pferd, den Hals fallen zu lassen (=nach unten zu nehmen) und im Rücken locker zu werden, sodass der Reitanfänger besser zum Sitzen und Einwirken kommt. Alle Hilfszügel laufen durch die Trensenringe oder werden an ihnen befestigt.

Hufschlagfiguren (Seite 67)
Übungen, die man mit dem Pferd durchführt, um es zu gymnastizieren (siehe Gymnastizierung) und die Einwirkung des Reiters auf das Pferd zu prüfen.

Natürliche Schönheit (Seite 11)
Das Pferd ist ein Geschöpf der Natur mit ausdrucksvollen Bewegungen. Durch die Einwirkung des Menschen dürfen diese Bewegungen sowie die gesamte Haltung niemals künstlich oder gezwungen aussehen.

Paddock (Seite 35, 52, 56)
Eingezäunter Platz (meist Sandboden), auf dem die Pferde Auslauf haben und sich mit Artgenossen frei bewegen können.

Reiterhilfen (Seite 15, 55)
Die Einwirkung des Reiters auf das Pferd durch Gewicht, Schenkel und Zügel. Alle Hilfen müssen zusammenwirken und dürfen nicht einzeln angewandt werden. Mit den Hilfen hat der Reiter die Möglichkeit, Gangart, Tempo, Bewegungsrichtung und Haltung zu kontrollieren. Für eine korrekte Hilfengebung ist der korrekte Sitz unbedingte Voraussetzung.

Schnorcheln (Seite 35)
Geräusch, das das Pferd durch die Nüstern macht. Es klingt ähnlich wie das Grunzen von Schweinen.

Stockmaß, Stm. (Seite 29, 40)
Messart und Maßangabe für die Größe des Pferdes, gemessen am Widerrist, in cm bzw. m.

Veredelung (Seite 29)
Vollblüter werden in Warmblutlinien eingekreuzt, um bestimmte Eigenschaften wie Temperament an die Warmblüter zu vererben.

Zügelführung (Seite 38)
Art, wie der Reiter die Zügel in den Händen hält.

Nachweis Fotos und Zeichnungen

FOTOS

Adelheid Borchardt, Warendorf : Seiten 18, 32o., 33o.(entnommen aus „Deutscher Reitpass", FNverlag 2002); 32u. (entnommen aus „Die Deutsche Reitlehre – Das Pferd", **FN**verlag 2002)

Jean Christen, Mannheim: Seiten 12, 16u., 29, 30, 39o. 47, 62, 65, 76 (entnommen aus „Pferdebuch für junge Reiter", FNverlag 1999); Seiten 43 und 46 (entnommen aus „Basispass Pferdekunde", **FN**verlag 2001)

Werner Ernst, Ganderkesee Seite 35 (entnommen aus „Pferdebuch für junge Reiter", **FN**verlag 1999)

Fotostudio Neddens, Wuppertal: Seite 39u.

Ulrike Gast, Lennestadt: Seiten 14o., 20 (2)

Elke Hennecke, Lengerich: Seite 72 (entnommen aus „Allround-Standardheft", **FN**verlag 2001)

Marlit Hoffmann, Ehringshausen: Seite 2, Seiten 8, 15o., 40, 70, 16o., 17u., 48 (5/1,2,3,5,6), 73, 74. 91, 92 (entnommen aus „Allround-Standardheft", **FN**verlag 2001)

Rainer Lebherz, Ofterdingen: Seite 74o.

Thoms Lehmann, Warendorf: Titelfoto, Seiten 15u., 25 (entnommen aus „Die deutsche Reitlehre – Das Pferd", **FN**verlag 2002); Seiten 64 und 71 (entnommen aus „Die deutsche Reitlehre – Der Reiter", FNverlag 2000; Seite 17 Dressur und Gelände (2) (entnommen aus „Allround-Standardheft", **FN**verlag 2001)

Ma We – Bilderdienst: Seite 17 (Springen) (entnommen aus „Allround-Standardheft", **FN**verlag 2001)

C.T. Nebe, Ladenburg Seite 68 (entnommen aus „Deutscher Reitpass", **FN**verlag 2002)

Annette Platen, Ehringshausen: Seite 48 Nr. 4 (entnommen aus „Allround-Standardheft", **FN**verlag 2001)

Peter Prohn, Barmstedt: Seite 31 (entnommen aus „Die Deutsche Reitlehre – Das Pferd", FNverlag 2002); S. 33u. (entnommen aus „Deutscher Reitpass", **FN**verlag 2002)

Marianne Schwöbel, Rehburg-Loccum S. 41 (entnommen aus „Deutscher Reitpass", **FN**verlag 2002)

Bernhard Stein, Ofterdingen: Seite 14u.

Foto Seite 19 (entnommen aus „Handbuch Jagdreiten", **FN**verlag 1999)

ZEICHNUNGEN

Yvonne Erdmann, Seite 23 (entnommen aus „Auf du und du mit unseren Pferden", Walter Rau Verlag 1995)

Jeanne Kloepfer, Lindenfels: Seiten 27o., 28, 34, 44, 45 (entnommen aus „Basispass Pferdekunde", **FN**verlag 2001); Seite 27u. (entnommen aus „Pferdebuch für junge Reiter", **FN**verlag 1999)

Nützliche Adressen, Internet-Links, Literaturempfehlungen

Hilfreiche und wissenswerte Adressen

Deutsche Reiterliche Vereinigung (FN)
Freiherr-von-Langen-Straße 13 · 48231 Warendorf
Telefon: (0 25 81) 63 62-0, Fax: (0 25 81) 6 21 44
E-Mail: *fn@fn-dokr.de*

FN*verlag*
der Deutschen Reiterlichen Vereinigung GmbH
Freiherr-von-Langen-Straße 8a
48231 Warendorf · Telefon: (0 25 81) 6 36 21 15, Fax: (0 25 81) 63 31 46
E-Mail: *fnverlag@fn-dokr.de*

Landesverbände der Reit- und Fahrvereine,
zuständig für Fragen zu Pferdesport, Zucht, Reitvereinen,
Reitställen und Tierschutz

Pferdesportverband Baden-Württemberg e.V.
Murrstr. 1/2, 70806 Kornwestheim,
Telefon: (0 71 54) 83 28-0, Fax: (0 71 54) 83 28 29
E-Mail: *LVLK-Baden-Wuerttemberg@t-online.de*

Bayerischer Reit- und Fahrverband e.V.
Landshamer Str. 11, 81929 München,
Telefon: (089) 9 26 96 72 50, Fax: (089) 9 26 96 72 99
E-Mail: BRFV.LKBayern@t-online.de

Landesverband Pferdesport Berlin-Brandenburg e.V.
Reiterstadion, Passenheimer Str. 30, 14053 Berlin,
Telefon: (030) 30 09 22 10, Fax: (030) 30 09 22 20
E-Mail: ReiterhausBerlin@aol.com

Bremer Reiterverband e.V.
Halmstr. 9, 28717 Bremen,
Telefon: (04 21) 6 36 89 60, Fax: (04 21) 6 36 86 73
E-Mail: info@bremer-reiterverband.de

Landesverband der Reit- u. Fahrvereine Hamburg e.V.
Schützenstr. 107, 22761 Hamburg,
Telefon: (040) 8 50 30 06, Fax: (040) 8 51 42 33
E-Mail: info@pferdesport-hamburg.de

Reiterverband Hannover-Bremen e.V.
Johannssenstr. 10, 30159 Hannover
Telefon: (05 11) 32 57 68, Fax: (05 11) 32 57 59
E-Mail: rv-han-hb@t-online.de

Hessischer Reit- und Fahrverband e.V.
Wilhelmstr. 24, 35683 Dillenburg,
Telefon: (0 27 71) 80 34-0, Fax: (0 27 71) 80 34 20
E-Mail: schaefer-hrfv@gmx.de

Landesverband Mecklenburg-Vorpommern für Reiten, Fahren und Voltigieren e.V.
Leute-Wiese 2, 18276 Mühlengeez,
Telefon: (03 84 50) 2 01 60, Fax: (03 84 50) 2 01 62
E-Mail: Pferdesportverband-MV@t-online.de

Pferdesportverband Rheinland e.V.
Endenicher Allee 60, 53115 Bonn,
Telefon: (02 28) 7 03 13 79, Fax: (02 28) 65 77 70
E-Mail: info@pferdesport-rheinland.de

Landesverband der Reit- und Fahrvereine Rheinland-Pfalz e.V.
Burgenlandstr. 7, 55543 Bad Kreuznach,
Telefon: (06 71) 89 40 30, Fax: (06 71) 8 94 03 29
E-Mail: lvlk-rlp@t-online.de

Saarländischer Reiterverband e.V.
Herm.-Neub. Sportschule, Gebäude 54, 66123 Saarbrücken,
Telefon: (06 81) 38 79-2 40, Fax: (06 81) 3 87 92 68
E-Mail: LKSaar@aol.com

Landesverband Pferdesport Sachsen e.V.
Käthe-Kollwitz-Platz 2, 01468 Moritzburg,
Telefon: (03 52 07) 8 96 10, Fax: (03 52 07) 8 96 12
E-Mail: Pferdesport.Sachsen@t-online.de

Landesverband der Reit- und Fahrvereine Sachsen-Anhalt e.V.
Parkstr. 13, 06780 Prussendorf,
Telefon: (03 49 56) 29-65, Fax: (03 49 56) 2 29 67
E-Mail: LV-RFVSachsen-Anhalt@t-online.de

Landesverband der Reit- und Fahrvereine Schleswig-Holstein e.V.
Eutiner Str. 27, 23795 Bad Segeberg,
Telefon: (0 45 51) 88 92-0, Fax: (0 45 51) 88 92 20
E-Mail: LVRuFVSH@t-online.de

Thüringer Reit- und Fahrverband e.V.
Schützenstr. 4, 99096 Erfurt
Telefon: (0361)3460742, Fax: (0361)3460743
E-Mail: TRFV64@aol.com

Landesverband Pferdesport Weser-Ems e.V.
Heidewinkel 8, 49377 Vechta
Telefon: (04441)9140-0, Fax: (04441)9140-17 oder -18
E-Mail: pferdesport.WE@t-online.de

Provinzialverband westfälischer Reit- und Fahrvereine e.V.
Sudmühlenstr. 33, 48157 Münster-Handorf,
Telefon: (0251)32809-30, Fax: (0251)3280966
E-Mail: zentrale@pv-muenster.de

Internet-Links

Wenn Sie Suchbegriffe wie „reiten", „Reitsport" oder „Pferd" in die Suchmaschinen eingeben, erscheinen natürlich unzählige Linkauflistungen. Ich habe eine kleine Vorauswahl für Sie getroffen, was Sie nicht daran hindern soll, Ihren persönlichen Favoriten selbst zu finden. Selbstverständlich gibt es auch in Suchmaschinen wie z. B. yahoo ein Themenverzeichnis, in dem Reitsport mit diversen Unterkategorien eine eigene Gruppe darstellt. Auch hier finden sich unzählige interessante Links.

- www.reitanfaenger.de
  Die begleitende homepage zu diesem Buch, mit vielen interessanten Informationen, Tipps, Linksammlungen und Fotos.
- www.pferd-aktuell.de
  Der Service rund um Pferdesport und Pferdezucht im Internet – Ein Service der FN mit Diskussionsforen, FN-Presseticker, Links zu Organisationen etc.
- www.fn-dokr.de
  Homepage der FN – Aktuelles, Ausbildung, Persönliche Mitglieder, Service, Sport, Wissenswertes, Zucht
- www.fn-dokr.de/sport/betriebe-vereine/suche.asp
  Verzeichnis aller Reitschulen, Suchmöglichkeit nach geografischen und anderen Kriterien
- www.fnverlag.de
  alle Produkte des FNverlages mit Beschreibung, Online-Shop
- www.pferde.de
  Deutschlands Pferdeportal – Magazin, Markt, Shop, Anzeigen, Branchen, Veranstaltungen, Reisen etc.

- www.reiten.de
  Urlaub/Freizeit, Ausbildung, Reitsportbekleidung, Lexikon etc.
- www.reiterwissen.de
  Forum, Anzeigenmarkt, Linkverzeichnis, Infos etc.
- www.reitsport-online.de
  Reitsportanzeiger, jeden Freitag aktuell
- www.pferde-links.de
  homepages, Reitställe, Fachgeschäfte, Veranstaltungen, Bücher, Zeitschriften
  etc.
- www.equinet.de
  Chat-Forum, Aktuelles, Produkte, Sachverständige, Fragen und Antworten
- www.pferdebranchenverzeichnis.de
- www.pferdebranchenbuch.com
  Seite zum Bestellen des jährlich aktualisiert erscheinenden
  Pferdebranchenbuchs

Fachzeitschriften

Es gibt eine Reihe von Pferde-Fachzeitschriften mit verschiedenen
Schwerpunkten, zum Teil auch regional erscheinende. Hier müssen Sie einfach
mal einige durchblättern oder Probe lesen und selbst entscheiden, welche Sie
am ansprechendsten finden. Eine Auswahl:

- Cavallo – Das Magazin für aktives Reiten
  www.cavallo.de
- Pegasus – Die Zeitschrift für den
  anspruchsvollen Freizeitreiter
  www.pegasus-pferdemagazin.de
- Freizeit im Sattel – Die Fachzeitschrift
  für Freizeitreiten und Pferdehaltung
  www.freizeit-im-sattel.de
- Pferde heute – Das Magazin für
  Pferdefreunde
  www.symposium-online.de
- Reiter Revue international
  www.reiter-revue.de
- Reiten und fahren St. Georg –
  Zeitschrift für Pferdesport und Zucht
  www.st-georg.de
- Wendy – Die Pferdezeitschrift für
  Jugendliche
  www.wendy.funonline.de

Events

Messen
- Equitana
  Weltmesse des Pferdesports, Essen, alle 2 Jahre
- Reiten und Jagen
  Fachausstellung für Pferd, Jagd und Natur, Friedrichshafen, alle 2 Jahre
- Hansepferd
  Internationale Ausstellung für Pferdefreunde, Hamburg, alle 2 Jahre
- Eurocheval
  Europamesse des Pferdes, Offenburg, alle 2 Jahre
- Pferd und Jagd
  Ausstellung für Pferdesport, Jagd, Angeln und Natur, Hannover, jährlich
- Pferd
  Internationale Ausstellung für Pferdesport, -zucht und –haltung,
  Stuttgart, alle 3 Jahre

Turniere und andere Veranstaltungen
- Pferde Saison
  Zeitschrift, erscheint 2 x jährlich, informiert über alle Veranstaltungen und
  Termine rund ums Pferd (Turniere, Messen etc.)
  www.pferde-saison.de

Reiterferien

- Broschüre „Urlaub im Sattel",
  Reiterferien in Deutschland, mit wichtigen
  Informationen und Tipps, herausgegeben von **FN***verlag* und DLG-Verlag
- Das Urlaubspferd, Internationale
  Reiter-Reisen, www.urlaubspferd.de
  (alle Angebote werden vorher getestet und überprüft)

Literatur-Nachweis

BLENDINGER, WILHELM:
- Psychologie und Verhaltensweisen
  des Pferdes. 5. Auflage Paul Parey Verlag, Berlin, Hamburg 1987

DEUTSCHE REITERLICHE VEREINIGUNG (HRSG):
- APO Ausbildungs- und Prüfungs-Ordnung.
  Regelwerk für Ausbildung und Prüfung im deutschen Pferdesport.
  1. Auflage, **FN***verlag*, Warendorf, Oktober 1999

DEUTSCHE REITERLICHE VEREINIGUNG (HRSG.):
- LPO Leistungs-Prüfungs-Ordnung.
Regelwerk für den deutschen Turniersport. 4. Auflage 2002,
FN*verlag*, Warendorf 2000

- Handbuch Pferd – Zucht, Haltung, Ausbildung, Sport, Medizin, Recht.
5. Auflage, BLV Verlag, München, Wien, Zürich 1995

DEUTSCHE REITERLICHE VEREINIGUNG (HRSG.):
- Basispass Pferdekunde. Bearbeitet von Isabelle Neumann von Cosel.
2. Auflage FN*verlag*, Warendorf 2002

DEUTSCHE REITERLICHE VEREINIGUNG (HRSG.):
- Deutscher Reitpass. Bearbeitet von Isabelle Neumann von Cosel.
1. Auflage FN*verlag*, Warendorf 2002

DEUTSCHE REITERLICHE VEREINIGUNG (HRSG.):
- Richtlinien Band 1 für Reiten und Fahren.
Grundausbildung für Pferd und Reiter.
9. Auflage FN*verlag*, Warendorf 1997

DEUTSCHE REITERLICHE VEREINIGUNG (HRSG.):
- Richtlinien Band 4 für Reiten und Fahren.
Haltung, Fütterung, Gesundheit und Zucht.
9. Auflage FN*verlag* Warendorf 1997

DEUTSCHE REITERLICHE VEREINIGUNG/DEUTSCHE LANDWIRTSCHAFTS-GESELLSCHAFT (HRSG.):
- Urlaub im Sattel – Deutschlands schönste Ferienhöfe.
FN-anerkannte und DLG-geprüfte Pferdebetriebe.
Neuauflage Warendorf/Frankfurt a.M. 2001

DRAPER, JUDITH:
- Das Beste Reader's Digest. Das große Buch der Pferde und Ponys –
Rassen, Sport, Haltung, Pflege.
Limitierte Sonderausgabe, Verlag Das Beste GmbH, Stuttgart, 1997

HERTSCH, BODO, PROF. DR.:
- Anatomie des Pferdes.
3. Auflage FN*verlag*, Warendorf, 2000

LANGE, CHRISTIANE:
- Natürlich leben mit Pferden.
franck-kosmos-Verlag, Stuttgart, September 1995

Neumann-Cosel, Isabelle von:
- Das Pferdebuch für junge Reiter,
FNverlag, Warendorf, 1999

Otte, Michaela:
- Geschichte des Reitens von der Antike bis zur Neuzeit,
FNverlag, Warendorf, 1994

Zeeb, Klaus, Prof. (Tierhygienisches Institut Freiburg):
- Diverse Studien und Veröffentlichungen aus den Jahren 1959, 1964, 1976, 1978, 1984

Artikel aus Fachzeitschriften von 1985-2002 aus:

- Cavallo reiten und fahren
- ReiterRevue international St. Georg
- Internet-Recherche, 2002

Bücher und Videos aus dem FNverlag

Wenn Sie in einen Buchladen gehen und in der Pferde- und Reitbuch-Abteilung stöbern, wird es Ihnen am Anfang sehr schwer fallen, sich bei der Vielzahl der angebotenen Artikel die richtigen herauszusuchen. Bei den Videos ist es nicht ganz so drastisch, aber auch schon schwierig. Daher habe ich für Sie eine Vorauswahl getroffen, von der ich der Meinung bin, dass sie zu Beginn Ihrer reiterlichen Laufbahn von Interesse und Hilfe für Sie sein werden. Blättern Sie die einzelnen Exemplare mal durch, es wird Sie bestimmt das eine oder andere Buch interessieren.

- FN-Lehrfilmserie nach den Richtlinien für Reiten und Fahren
  - Teil 1: Der Sitz des Reiters
  - Teil 2: Der Weg zum richtigen Sitz
  - Teil 3: Grundausbildung des Reiters im dressurmäßigen Reiten
  - Teil 4: Grundausbildung des Reiters im Springreiten
  - Teil 5: Grundausbildung des Reiters im Geländereiten

1. Offizielle Prüfungsbücher der FN

- CD-ROM: Knobelspaß für Pferdefreunde.
  Das tolle Quiz mit Lerneffekt rund ums Hufeisen.
  Deutsche Reiterliche Vereinigung (Hrsg.), 1. Auflage 2001.
- Trainingsprogramm für Basispass und Reitabzeichen Kl. IV.
  CD-ROM und Begleitheft in Mappe. Deutsche Reiterliche Vereinigung (Hrsg.),
  1. Auflage erscheint Februar 2003.
- FN-Abzeichen – Die Reitabzeichen der Deutschen Reiterlichen
  Vereinigung. Deutsche Reiterliche Vereinigung (Hrsg.), 3. Auflage 2003.
- CD-ROM: Fit für das Reitabzeichen. Deutsche Reiterliche Vereinigung
  (Hrsg.), 1. Auflage 2001.
- FN-Abzeichen – Basispass Pferdekunde. Deutsche Reiterliche Vereinigung
  (Hrsg.), 2. Auflage 2002.
- FN-Abzeichen – Deutscher Reitpass. Deutsche Reiterliche Vereinigung
  (Hrsg.), 1. Auflage 2002.
- Deutscher Reit-Pass – Fragen und Antworten.
  Deutsche Reiterliche Vereinigung (Hrsg.), 5. Auflage 2000.

2. Lehrbücher und Ratgeber

- Die Deutsche Reitlehre – Der Reiter.
  Deutsche Reiterliche Vereinigung (Hrsg.),
  1. Auflage 2000.
- Die Deutsche Reitlehre – Das Pferd.
  Deutsche Reiterliche Vereinigung (Hrsg.),
  1. Auflage 2002.
- Die Brücke zwischen Mensch und Pferd.
  Pourtavaf, Ariane / Meyer, Herbert,
  2. Auflage 2001.
- Balance in der Bewegung.
  Dietze, Susanne von, 3. Auflage 1999. Auch als Video lieferbar! Buch und
  Video ebenfalls in englischer Sprache lieferbar!
- Allround-Wettbewerbe.
  Hamacher, Ralf / Deutsche Reiterliche Vereinigung (Hrsg.),
  1. Auflage 2000.
- Allround Gelände.
  Reitsport in Wald und Flur, auf Wegen und Straßen.
  Hamacher, Ralf / Deutsche Reiterliche
  Vereinigung, 1. Auflage 2001.
- Kinder aufs Turnier. So geht's los!
  Deutsche Reiterliche Vereinigung (Hrsg.),
  1. Auflage 2001.

- Urlaub im Sattel – Deutschlands schönste Ferienhöfe.
  FN-anerkannte und DLG-geprüfte Pferdebetriebe.
  Deutsche Reiterliche Vereinigung / DLG (Hrsg.), Neuauflage 2001.
- FN-Handbuch Schulsport. Reiten und Voltigieren in der Schule.
  Deutsche Reiterliche Vereinigung (Hrsg.),
  1. Auflage 1997.
- Pferdesportler fit gemacht.
  Chmiel, Claus, 3. Auflage 2000.
- Das Heilpädagogische Voltigieren und Reiten
  mit geistig behinderten Menschen.
  Kaune, Wilhelm,
  3. Auflage 1999.
- Partnerschaftlich miteinander umgehen.
  Kröger, Antonius u.a.,
  1. Auflage 1997.
- Anatomie des Pferdes.
  Hertsch, Prof. Dr. Bodo, 3. Auflage 2000.

Editionpferd
- Westernreiten Step by Step.
  Maschalani, George, 1. Auflage 2001.
- Voltigieren lernen – lehren.
  Gast Ulrike / Rüsing-Brüggemann, Britta,
  Neuauflage 2001.

3. Kinderbücher

Hufeisenbilderbücher zum Vorlesen und für Erstleser!

- Das Pferdebuch für Kinder.
  Geschrieben von Isabelle von Neumann-Cosel,
  illustriert von Theora Krummel,
  2. Auflage 1999.
- Das Ponybuch für Kinder.
  Geschrieben von Isabelle von Neumann-Cosel,
  illustriert von Theora Krummel,
  1. Auflage 1996.
- Das Buch vom Pferdestall für Kinder.
  Geschrieben von Isabelle von Neumann-Cosel,
  illustriert von Theora Krummel,
  1. Auflage 1997.

- Das Buch vom Reiten lernen für Kinder.
  Geschrieben von Isabelle von
  Neumann-Cosel, illustriert von Jeanne Kloepfer,
  1. Auflage 1997.
- Das Buch vom Voltigieren für Kinder.
  Geschrieben von Ulrike Rieder,
  illustriert von Silke Ehrenberger,
  1. Auflage 1999.

Hufeisensachbücher ab Lesealter und für fortgeschrittene Leser!

- Kleines Hufeisen – Großes Hufeisen – Kombiniertes Hufeisen. So klappt die Prüfung. Geschrieben von Isabelle von Neumann-Cosel, illustriert von Jeanne Kloepfer, 2. Auflage 2000 (Nachdruck Januar 2002).
- Pferde – meine besten Freunde.
  Geschrieben von Isabelle von Neumann-Cosel, illustriert von Jeanne Kloepfer,
  1. Auflage 1997.
- In der Reitschule.
  Geschrieben von Susanne Kappmeier,
  illustriert von Jeanne Kloepfer,
  1. Auflage 1997.
- Pferdepflege macht Spaß.
  Geschrieben von Isabelle von Neumann-Cosel,
  illustriert von Jeanne Kloepfer,
  1. Auflage 1998.
- Kleine Ponys – große Pferde.
  Geschrieben von Susanne Kappmeier,
  illustriert von Jeanne Kloepfer,
  1. Auflage 1998.
- Im Stall und auf der Weide.
  Geschrieben von Isabelle von Neumann-Cosel,
  illustriert von Jeanne Kloepfer,
  1. Auflage 1998.
- Reiterferien sind ein Traum.
  Geschrieben von Susanne Kappmeier,
  illustriert von Silke Ehrenberger,
  1. Auflage 1998.
- Dressur ist Gymnastik für Pferde.
  Geschrieben von Isabelle von Neumann-Cosel,
  illustriert von Jeanne Kloepfer,
  1. Auflage 1999.

- Keine Angst vor Hindernissen.
  Geschrieben von Isabelle von Neumann-Cosel,
  illustriert von Jeanne Kloepfer,
  1. Auflage 1999.
- Draußen ist Reiten am schönsten.
  Geschrieben von Isabelle von Neumann-Cosel,
  illustriert von Jeanne Kloepfer,
  1. Auflage 2000.

Beide Reihen werden fortgesetzt!

4. Jugendreitlehre

- Das Pferdebuch für junge Reiter.
  Neumann-Cosel, Isabelle von, gezeichnet von Jeanne Kloepfer,
  fotografiert von Jean Christen,
  völlige Neuauflage 1999.

5. Spiele

- Kleines, Großes, Kombiniertes Hufeisen. Fragen • Antworten • Tipps.
  Gast Ulrike und Christiane / Rüsing-
  Brüggemann, Britta, 6. Auflage 2002.
- Sattelfest?! Fragen und Antworten.
  Gast, Ulrike und Christiane,
  1. Auflage 2000.
- Longenfest?! Fragen und Antworten.
  Gast, Ulrike und Christiane,
  1. Auflage 2000.
- Leinenfest! Fragen und Antworten.
  Gast, Ulrike und Christiane,
  1. Auflage 2001.
- Basispass Pferdekunde. Fragen • Antworten • Tipps.
  Gast, Ulrike und Christiane,
  1. Auflage 2002.

- CD-ROM: Knobelspaß für Pferdefreunde.
  Das tolle Quiz mit Lerneffekt rund ums Hufeisen.
  Deutsche Reiterliche Vereinigung (Hrsg.),
  1. Auflage 2001.

Alle Titel sind über den Buchhandel und in Reitsportfachgeschäften erhältlich!

Fordern Sie das neue Gesamtverzeichnis an beim
FN_verlag_,
Postfach 11 03 63,
48205 Warendorf
Tel.: (0 25 81) 63 62-154 / -254
Fax: (0 25 81) 63 62-212
E-Mail: vertrieb-fnverlag@fn-dokr.de

Andere

- So verdient man sich die Sporen, Horst Stern
- Kavalkade-Ratgeber-Reihe

Caballero-Versandbuchhandel,
www.caballero.de
(Gesamtverzeichnis aller Pferdebücher auf dem Markt, schnelle Lieferung, persönliche Beratung zu Titeln und Inhalten und Vorlesen aus den Büchern, sehr guter Service)

Broschüren/Merkblätter/Poster der FN

- Die Ethischen Grundsätze; Broschüre
- Tierschutz im Pferdesport; Broschüre
- Sicherheitsposter-Reihe

Diese und weitere Broschüren und Merkblätter sind erhältlich über die
Deutsche Reiterliche Vereinigung (FN),
Warendorf,
Telefon (02581) 63 62-222
E-Mail: pschaffer@fn-dokr.de

www.reitanfaenger.de

Diese Homepage ist eine Ergänzung zu meinem Buch „ABC für Reitanfänger",
das alle wichtigen Themen zu Ihrem Start in den Reitsport wesentlich ausführ-
licher behandelt, wie zum Beispiel:

- Vorstellung und Beschreibung des Reitsports
- Anforderungen an Sie, wenn Sie mit dem Reiten beginnen möchten
- Preisbeispiele
- Informationen zum Sportpartner Pferd
- Sicherheit und Unfallverhütung

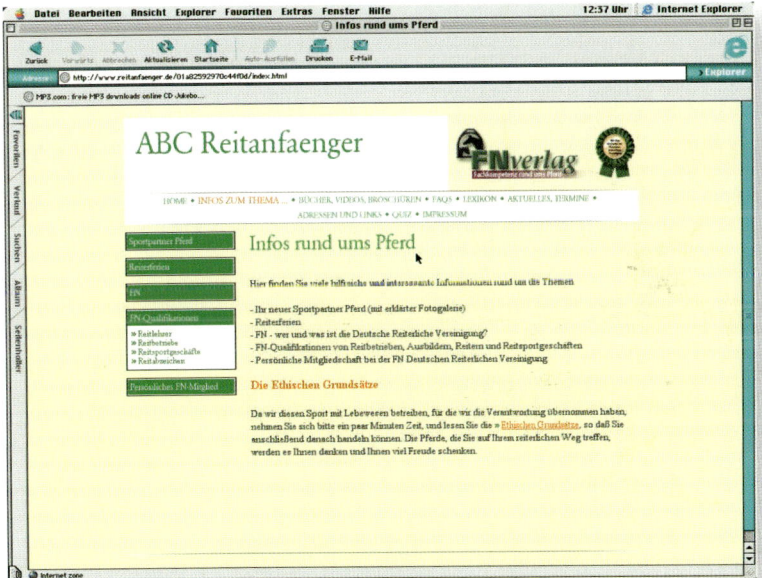

- Wie Sie die richtige Reitschule finden
- Welche Ausrüstung Sie für den Start benötigen
- Welche Inhalte Ihre Ausbildung umfasst
- Informationen zu den verschiedenen Reitweisen

und vieles mehr.

Ihre Michaela Kronenberg

Isabelle
von Neumann-Cosel

Das Pferdebuch für junge Reiter

Witz und Wärme, Praxisnähe und Sachkenntnis verpackt in einer höchst attraktiven Ausstattung sind die besonderen Kennzeichen dieser Neuauflage. Junge Reiter, ob Anfänger oder Fortgeschrittene, werden mit all ihren kleinen und großen Problemen ernst genommen – dabei darf auch gelacht werden. Dieses Buch lässt keine Fragen offen und enthält den gesamten Unterrichts- und Prüfungsstoff für die Abzeichen Kleines, Großes, Kombiniertes Hufeisen und Deutscher Reitpass.

ISBN 3-88542-331-6

Neuauflage 1999
256 Seiten, mit durchgehend farbigen Illustrationen und Fotos
Format 170 x 240 mm, gb.

FN-Abzeichen
Basispass Pferdekunde

Basispass Pferdekunde – dies ist der erste Band der FN-geprüften Sachbuchreihe „FN-Abzeichen". Es bietet unverzichtbares Grundlagenwissen zum Thema Pferd, das im Abzeichen Basispass Pferdekunde verlagt wird. Das Buch richtet sich auch an alle, die an Pferden interessiert sind und das Basiswissen für den richtigen Umgang mit dem Pferd erlangen möchten.

2. Auflage 2002
144 Seiten mit durchgehend farbigen Illustrationen und Fotos
Format 148 x 210 mm, kt.

ISBN 3-88542-356-1

FN-Abzeichen
Deutscher Reitpass
Ausdruck von Mitverantwortung des Reiters in Feld und Wald

„Das Beste, was du für das innere eines Menschen tun kannst, ist auf einem Pferd nach draußen zu gehen."
WINSTON CHURCHILL

Dieses Buch der Reihe FN-Abzeichen vermittelt die theoretischen Kenntnisse, die ein Reiter benötigt, um im Zusammenspiel mit seinen reiterlichen Fähigkeiten optimal für Ausritte ins Gelände vorbereitet zu sein.
Bearbeitet von der renommierten Fachbuchautorin Isabelle von Neumann-Cosel, die ebenfalls als Fachjournalistin, Reiterin, Ausbilderin und Richterin tätig ist.

1. Auflage 2002
144 Seiten mit durchgehend farbigen Illustrationen und Fotos
Format 148 x 210 mm, kt.

ISBN 3-88542-361-8

Internet: www.fnverlag.de
E-Mail: vertrieb-fnverlag@fn-dokr.de

Ulrike & Christiane Gast

Basispass Pferdekunde – Fragen, Antworten, Tipps

Fragen, Antworten, Tipps rund ums Pferd und vor allem zum „Grundlagen-abzeichen" im Pferdesport

132 grundlegende Fragen und Aussagen im Multiple-Choise-Verfahren ermöglichen die selbstständige, ergänzende Vorbereitung und Vertiefung der Basispass-Praxis!

Zum Inhalt: Alle Prüfungsbereiche und vor allem Sicherheitsaspekte rund ums Pferd werden thematisiert. In Ergänzung der Praxis geht es außerdem um die Erstellung eines individuellen Basispass-ABC's, die Anfertigung von Gedächtniskarten und unzähligen nützlichen Tipps, Tricks und Hinweise.

1. Auflage 2002
66 Karten im Kasten mit Stecker
Format 150 x 65 mm, kt.

ISBN 3-88542-705-2

Ulrike Gast / Britta Rüsing-Brüggemann

Kleines, Großes, Kombiniertes Hufeisen – Fragen - Antworten - Tipps

Faszination übt das große, warme, weiche Lebewesen Pferd auf dich aus! Du bist von ihm gefesselt, aber was weißt du über: Pferde? Pflege? Haltung? Fütterung? Sicherheitsmaßnahmen? - Dieser Fragekasten ist deine Chance! Einmalig im Reit- und Voltigiersport ermöglichen 66 grundlegende Fragen mit jeweils 3 Antwortmöglichkeiten die selbstständige Vorbereitung (inkl. Kontrolle) auf die vielleicht erste Prüfung im Leben. Außerdem enthält dieser „kleine Kasten mit großem Inhalt" noch 3 Puzzles, 2 Dominos und ein Gedächtnisspiel.

5. Auflage 2002
66 Karten, 2 Puzzles

ISBN 3-88542-701-X